程琳 ◎ 著
布谷童书 ◎ 绘

南京博物院

博物馆里的中国

山西出版传媒集团
三晋出版社

南京博物院 悠长的六朝文脉 **02**	**良渚玉器之精** 透雕人鸟兽玉饰件 **04**	**一只壶的雄心壮志** 青铜错金银立鸟几何纹壶 **08**	**最"多金"的文物** 金兽 **12**
不朽的梦 银缕玉衣 **16**	**汉砚珍品** 东汉鎏金银嵌宝石兽形铜砚盒 **20**	**辟邪"鸭梨"** 西晋青釉瓷神兽尊 **24**	**魏晋风度遗千古** 竹林七贤与荣启期砖画 **28**
丹青·鸟 《鹡鸰图》 **32**	**江山永定** 青花寿山福海纹香炉 **36**	**瓷中"大红人"** 釉里红岁寒三友纹梅瓶 **40**	**是它，是它，就是塔** 鎏金藏式佛塔 **44**
金玉良缘 金蝉玉叶 **48**	**丹青·花** 《杂花图》 **52**	**明朝版"世界地图"** 《坤舆万国全图》 **56**	**"玩转"瓷瓶** 霁蓝镂空转心瓷大瓶 **60**

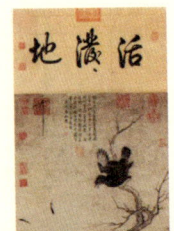

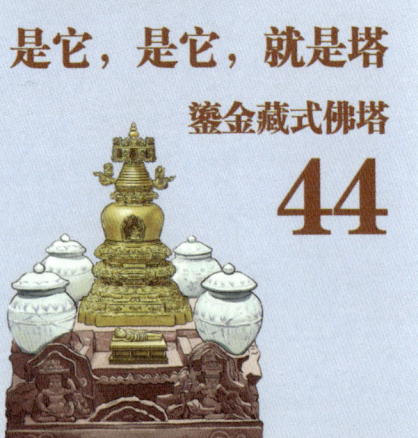

参观须知

关于开放时间

除夕、大年初一和周一闭馆整修（国家法定节假日除外），周二至周日 9:00 至 17:00 开放，16:00 停止检票。

关于预约参观

预约放票时间为每日 18:00，可提前 7 日（不包括当日）通过官方微信公众号或官方网站预约。预约时段分为上午和下午。上午入馆时间为 9:00—13:00，下午为 12:00—16:00，错过预约时段就不能入内了哦。

关于文明观展

馆内请勿吸烟，请勿触摸展品，不得将各类管制刀具、打火机、危险品及宠物带入场馆。大件行李可寄存在服务中心。

南京博物院
悠长的六朝文脉

博物馆奇妙之旅小分队(3)

- 陕西历史博物馆里的宝藏也太多了吧！
- 是啊，这一趟来得真值！我也更期待下一站了！
- 没问题，那就让我们先暂别悠久的陕西文化，去南京博物院体会江南的精致雅秀吧！
- 随时可以出发！
- +1

★ 南京博物院

博物馆档案

馆　　名：南京博物院

地　　点：南京市玄武区中山东路321号

馆区占地：130000余平方米

馆藏精品：青花寿山福海纹瓷香炉、釉里红岁寒三友纹梅瓶、银缕玉衣等

荣 誉 榜：国家一级博物馆、首批中央地方共建国家级博物馆、首批全国博物馆文化产品示范单位、国家AAAA级旅游景区、全国重点文物保护单位、第二批中国20世纪建筑遗产

简　　介：南京博物院是中国三大博物馆之一，其前身是1933年蔡元培等倡建的国立中央博物院，是中国第一座由国家投资兴建的大型综合类博物馆。南博拥有各类藏品43万多件（套），珍贵文物37万多件（套），珍贵文物数量居全国第二，仅次于故宫博物院。

辽式宫殿

南博创立之初，拟建人文、工艺、自然三馆，由当时著名的建筑师徐敬直设计，原设计为清式建筑，在梁思成、刘敦桢的指导下修改为仿辽代大殿建筑。后因战乱停建，20世纪50年代建成人文馆，1999年在大殿西侧新建艺术馆，延续了原有的建筑形式。

辽，是中国历史上由契丹族建立的朝代，辽代建筑风格更接近于晚唐北方建筑的豪爽大气。

南博大殿在设计建造时，以辽代木构建筑的典范奉国寺为蓝本，加强了唐辽建筑遗风的轻快飞腾之感，并与西式建筑理念完美融合，激发出了传统之美与时代特色相碰撞的巨大魅力。

奉国寺位于辽宁省锦州市义县，其建筑群的主要遗存为大雄殿，是国内现存最古老、最庞大的佛殿。其建筑形态反映了辽代建筑的典型特征，代表了辽代佛教建筑的最高成就，也代表了11世纪中国建筑的最高水平。

一院六馆

现如今，南京博物院经过改扩建，已经形成了"一院六馆"的格局，即历史馆、特展馆、民国馆、数字馆、艺术馆、非遗馆。

这六大展馆，各有侧重，无不精彩。在历史馆中，你将触摸到江苏地区古代文明的发展脉搏；在艺术馆里，按质地分门别类展示的艺术品能令你更加系统地进行参观；去民国馆内，你能沉浸式地体验民国时期南京的社会生活风情……

南京，作为六朝古都，文脉悠长，南博的馆藏文物上至旧石器时代，下迄当代。青铜、玉石、陶瓷、碑刻造像、金银器皿等文物品类多样又自成脉络，如同一部厚重且灿烂的史书，等待着世人翻阅……

良渚玉器之精
透雕人鸟兽玉饰件

国宝档案

透雕人鸟兽玉饰件

类别：玉器
所属年代：新石器时代
现藏地：南京博物院
出土地：江苏省昆山市赵陵山遗址

国宝小档案

这件透雕人鸟兽玉饰件，整体玉料呈白色，略带绿斑。采用多种技法精雕细琢，将人、鸟、兽巧妙地组合在一起，是良渚文化中的玉器珍品。另外，此饰件出土时放置在墓主右脚下的一个石钺（yuè）圆孔处，加上饰件下方的圆孔，有人推测其可能是钺上的附加饰件。

人？鸟？兽？

你们能找到这件玉饰的人、鸟、兽分别在哪儿吗？

眼睛、鼻子、嘴巴都很明显……这是一个人的侧面吧？

最上边的那只应该是鸟！

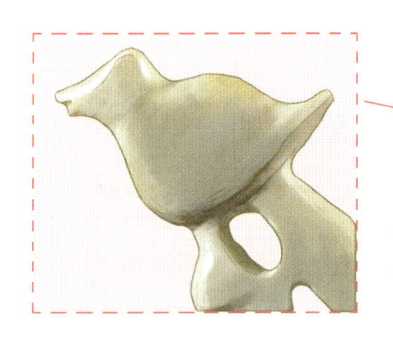

你瞧，玉饰顶端，站在羽冠上的确实是一只张嘴翘尾的小鸟，似乎正望向远方。

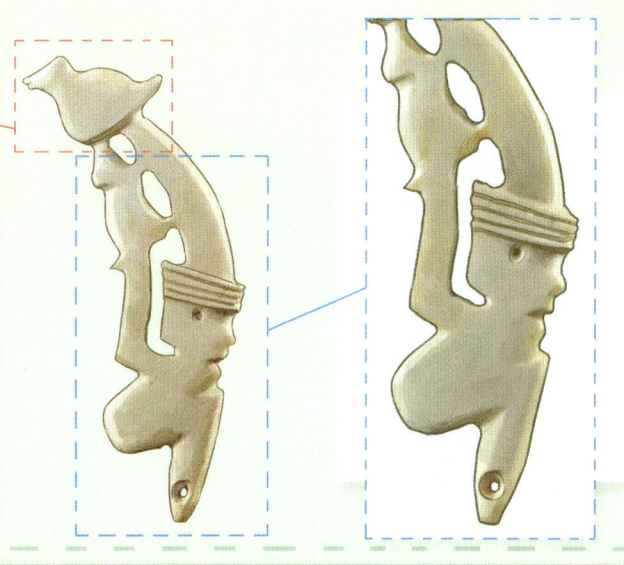

再往下看，这位戴着高高羽帽的人正屈膝蹲着，手臂向后举，托起一头正向上攀爬的小兽，与鸟腹的下部连接在了一起。

人与动物的交融

为什么要在一件玉饰中，融合了人、飞鸟和走兽这三种元素，雕琢出一个看似"四不像"的造型呢？先民们可不是随意组合的哦。

鸟儿在天空中翱翔，最接近太阳，可视为太阳的化身。走兽亲近大地，便是地的神灵。

如此看来，这种"人与动物"交融题材的玉器，显然寄托着古人想要通过自然界中的某些动物和神灵沟通交流，以消灾祈福的美好愿望。

龙、凤、鸟、鱼、蛇、蛙等神话和现实中的动物，都曾与人类"合体"过。

这是春秋时期的一对青玉人首蛇身饰，呈扁平椭圆环状。其中，左侧的人首面部具有男性特征，右侧的似为女性形象，均五官清晰，长发后卷。

人首蛇身，一男一女，听起来好熟悉哦……

那不就是传说中的伏羲和女娲吗？

伏羲、女娲是我国上古时期神话传说中的人类始祖神，后世多传二者形象为人首蛇身。这与原始部族的蛇崇拜息息相关。因为蛇具有顽强的生命力与旺盛的繁殖能力，符合人们对多子多福、人丁兴旺的期盼。

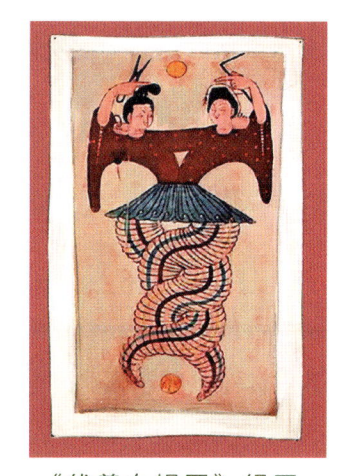

《伏羲女娲图》绢画

良渚遗址——史前文明的圣地

良渚文化，是中国新石器时代晚期文化。距今大约5300—4300年。主要分布在长江下游环太湖流域，因浙江省杭州市余杭区良渚遗址而得名。

良渚遗址

良渚遗址的规模极大，已探明的遗址总占地面积约42平方千米。良渚古城遗址外围的宏大水利系统，是迄今所知中国最早的大型水利工程。还有整个城市的建设规模，包括城墙、宫殿等大量建筑工程，在当时都是十分罕见的，被誉为"中华第一城"。

"良渚遗址"已经成功列入《世界遗产名录》了哦。

良渚玉器

良渚文化最大的特色就是其出土的玉器，数量众多，品类丰富，雕琢精湛，堪称中国史前玉器文化史上最灿烂的瑰宝。

其中，有三件最典型的代表玉器：

玉琮

琮（cóng），是一种内圆外方的筒形玉器。这件玉琮重达6.5千克，四面均雕刻有完整的神人兽面纹，是迄今为止发现的雕琢最精美、品质最佳、体量最大的玉琮，堪称"琮王"。

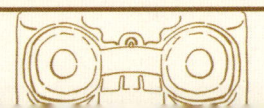

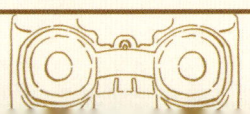

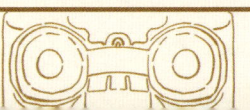

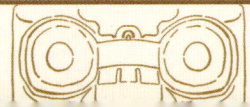

玉璧

玉璧，是一种中央有穿孔的圆形玉器。良渚玉璧是该文化玉器中面积最大的，一般被认为是祭天用的礼器。

玉钺

还记得钺吗？它是权力与威严的象征。出土于良渚遗址反山墓地M12的这件玉钺，是目前发现的唯一雕琢有神人兽面纹和鸟纹的玉钺，堪称"钺王"。

良渚神徽

你发现了吗？上边介绍的三件良渚玉器中，反复出现一种纹饰——神人兽面纹，又被称为良渚神徽。

作为良渚文化的精神图腾，它在良渚遗址群范围内的高等级玉器上十分常见，且往往饰于器物的"C位"。神人兽面纹也是良渚文化中其他材质高规格礼器的主要纹饰。

有时，这种"神人"和"兽面"的组合，也会以分割、简化、镂空等形式出现在各式玉器上。

划重点

总之，这些玉器不仅是装饰品，也反映了良渚先民的精神信仰，同时也显示出一种建立在等级分化基础之上的规范化用玉制度业已形成。

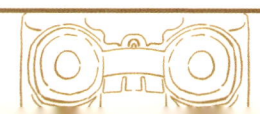

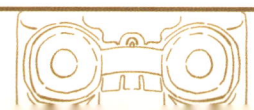

一只壶的雄心壮志
青铜错金银立鸟几何纹壶

国宝档案

青铜错金银立鸟几何纹壶

类别：铜器
所属年代：战国时期
现藏地：南京博物院
出土地：江苏省涟水县三里墩遗址

国宝小档案

这件铜壶汇集了战国时期的多种金属工艺，采用立鸟装饰，兼有兽面纹、三角云纹、蝠纹等常见纹饰，花纹间还镶嵌着一颗颗绿松石。整体造型华丽大气，在展柜柔和的灯光下仍闪烁着灵动的光芒。

这壶哪儿"错"了？

"错金银"是中国古代金属细工装饰技艺之一，也称"金银错"。这种工艺最早见于商周时代的青铜器上，兴盛于春秋中晚期。

《说文解字》关于"错"这种工艺给出的解释是："错，金涂也。"《现代汉语辞典》中的解释是："在凹下去的文字、花纹中镶上或涂上金、银等。"

青铜 / 错金银 / 立鸟 / 几何纹 / 壶

这个文物名字有点儿长，读时该这样停顿！

啊，我刚刚还奇怪这壶是不是哪儿制作"错"了呢！原来是"错金银"啊！

我知道"错金银"是什么了！

已知的"错金银"手法，主要有两种：

1. 镶嵌法：简单来说，就是在铜器表面预铸纹样凹槽，把金、银丝（片）镶嵌进去后再用错石打磨平整光滑。
2. 涂画法：汉代的主流手法，需要用汞与黄金制造出液体状的"泥金"，再把泥金涂在铜器上绘制纹样，或者涂在预铸的纹样凹槽之内，最后加热器物，汞蒸发的同时，金纹饰就固定在器物表面了。

壶上立着什么鸟？

参观这件铜壶的第一眼，应该很多人都会被盖钮上高立着的那只飞鸟吸引目光吧？有人认为，这只双翅舒张，似在引颈高鸣的鸟儿，就是"鸿鹄"。

"鸿鹄"在古人眼中是一种吉祥鸟，且飞得极高。成语"鸿鹄之志"就是用来比喻一个人有远大的理想和抱负的。

关于鸿鹄究竟是什么鸟，主要有两种说法。有人认为鸿是指大雁，而鹄则是天鹅，泛指的是那些能飞得很高很远的鸟类；也有人持神话说的观点，在神话中"鸿鹄"所指是白色的凤凰。

自比"鸿鹄"的陈胜

提到"鸿鹄之志"，就不能不提陈胜此人了。

陈胜年轻时，虽只是个为田地主人耕种的雇农，却抱负远大，不甘于忍受当时秦朝的暴政与阶级压迫。

有一天，他对一起耕田的伙伴们说："如果谁以后得了富贵，可别忘了一起苦过的兄弟们啊。"大伙听了都觉得好笑，有人说："卖苦力种田的，哪儿来的富贵？"陈胜发现自己并不被理解，于是才有了传响千古的一句"燕雀安知鸿鹄之志"。

后来，朝廷征调平民前往渔阳戍守，陈胜也在其中。谁知途遇大雨，道路不通，众人被困在了大泽乡。按秦律，不能按时到达渔阳，只有死路一条。于是陈胜联合吴广，率领众人杀死负责押解的军官，发动兵变，史称"大泽乡起义"，又称"陈胜吴广起义"。

小贴士

陈胜吴广起义，是中国历史上第一次大规模的平民起义，虽然最终失败，但揭开了秦末农民起义的序幕，意义重大。

王侯将相，宁有种乎？

哪壶"优秀"提哪壶

战国末错金银铜壶

见过罩着网套的铜壶吗?这件铜壶的肩、腹上都罩着立体镂空的铜丝网套。而这铜丝网套,又是由96条卷曲的龙和576枚梅花钉交错套扣而成。其中梅花花瓣纹饰,细如发丝,工艺之繁复精妙,令人赞叹不已。

这件铜壶背后还有一段历史故事。齐宣王五年,燕国内乱,齐国将军陈璋趁此机会攻下了燕都,"毁其宗庙,迁其重器"。这件铜壶便是燕国宫廷里的"重器"之一。

错金银鸟篆文铜壶

这件铜壶出土于西汉中山靖王刘胜墓,通高40多厘米。壶盖上有三环钮,壶口口沿微微向外延展,壶腹圆鼓鼓的,壶盖、壶身均刻有铭文。

> 那么问题来了,你知道这壶上的鸟篆文写了什么吗?

> 这是半个字都猜不出来……

其实,铜壶的铭文内容倒也并不深奥。大致的意思是先夸了夸这壶有多么美丽尊贵,用起来是种享受。之后又提及了饮酒的好处,能疏通血脉,滋润肌肤,还能使人延年益寿,长命百岁。

中山王厝夔龙饰铜方壶

这件铜方壶出土于战国中山王厝（cuò）墓，为「中山三器」之一。壶盖上有四个镂空云形钮，壶身四角各铸有一条神气的夔龙。方壶四周刻有铭文450字，颂扬了中山国伐燕获胜的战绩，是一篇优秀的中山篆书法作品。

中山篆

中山篆字形修长优美、圆润流畅，还添加了多种装饰性的笔画来增加视觉美感，使结构更加匀称，被誉为最美古文字。鸟虫篆是南方的装饰性青铜器铭文代表，中山篆则是北方的代表。

蔡侯申铜方壶

蔡侯申即蔡昭侯，是蔡国的国君。不过那时蔡国国力已经衰弱，归附了楚国而成为附庸。此壶就是蔡侯申的酒器，盖顶"绽放"着镂空八瓣莲花，精致优雅。圈足下支撑着器身的四只小兽夸张有趣，都仰着脑袋，张嘴伸舌，仿佛累得在大喘气，很快就要撑不住这铜壶喽！

最"多金"的文物

金兽

国宝档案

金兽

类别：金器
所属年代：最晚可追溯至西汉
现藏地：南京博物院
出土地：江苏省盱眙县南窑庄窖藏

国宝小档案

这件文物上有环钮，底座凹空，金兽造型生动，全身布满鳞片一样的斑纹，两只前爪安然地搭在身前，八个指头排得整整齐齐，长长的尾巴绕住自己的半边身子，伸入腹下。别看它个头不大，却是最"多金"的小家伙，含金量99%，重9100克，是目前我国出土古代黄金铸器中最重的一件了！

工艺"大户"

要想制作出这只"多金"的小金兽，需要的工艺可不少。

首先，99%纯度的金器在古代可不是那么好打造的，需要极高的冶炼与提纯工艺。

其次，中国早期金器制作，主要有铸造与锤揲（yè）两种工艺。别的金器大多只用得上其中一种工艺，而这只金兽却不同，它将两种技法融为一体。兽型为铸造之功；遍布周身的斑纹，则依赖工具锤击。这才令整只金兽看起来亮晶晶的！

其实我们在参观金银器类文物时，已经接触过这两种工艺了。

铸造：制作模具来给器物造型

锤揲：用敲、锻、锤等手法来打造器表花纹

是虎是豹？

我觉得像老虎！

我看它趴得这么乖巧，更像小猫！

其实啊，这一问题目前还存在争议，但主流观点多认为这是一只"金豹子"！

依据有三：

1. 从金兽全身满布的斑纹来看，很像豹子的斑纹。
2. 若是细看，还会发现金兽颈上戴了三个项圈，这是人工驯养猛兽的一大标志。而西汉时期的王侯贵族正好就有驯养豹子的风气。
3. 豹子被古人赋予了消灾避邪的功能，因此豹形器物是常被制作的。

你们看，河北满城陵山二号汉墓出土的这只错金铜豹，和金兽长得是不是还挺像的呢？

用途成谜

围绕这只金兽的争议，还体现在用途上。

有人说，它是席镇，就是用来压席子四个角的器物。

有人说，它是财库的镇护兽，以九千多克的足金铸造之物，正可象征财富。

哈，这不是"竹林七贤"中的王戎吗？我记得这幅《高逸图》！

主人的财富由我来守护！

也有人说，它是一种类似秤砣的权器。它上部环钮的设计刚好能系上绳子，挂在秤上，用来称重。

听说我俩是亲戚？

窖藏"多金"

出土这只金兽的南窑庄窖藏"含金量"极高。同期还出土了大量的金饼、金版和马蹄金，加上金兽，黄金总重量超过了两万克呢！

马蹄金，因状如马蹄而得名。是西汉时期的称量货币。一般是帝王收藏，以及赏赐有功之臣与宗亲贵族之用，也可作为大宗买卖的货币使用。

金饼

金饼

金饼

金饼

马蹄金

金饼和郢爰（yǐng yuán）都是中国早期黄金货币的代表。金饼是将黄金熔炼成实心或中空的圆饼形货币。而郢爰则呈龟背形、长方形、方形等状。用法是将一整块金版切割成小块，称出相应重量的金块后进行支付。故而出土的郢爰边缘多有切割的痕迹。

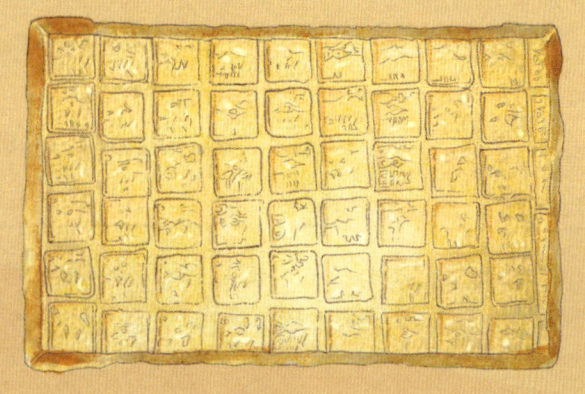

郢爰

"郢"是战国时期楚国的都城，"爰"是古代的一种重量单位或货币单位。因此，郢爰是研究楚国铸币政策和货币制度的重要资料，也称"印子金"。

那些博物馆之"最"

见过了最"多金"的金兽,我们再去看几样博物馆里其他的"最"文物吧!

最"有才"的文物

这尊清代的贴金铜魁星铸像,魁星摆出了一个特别考验平衡力的姿势。只见他右手拿着朱笔,左手抓着墨斗,向后翘起左脚,脚底向上托着一个大斗,右脚稳稳地踏在一巨鳌的脑袋上。

最"委屈"的文物

这件唐代的彩绘陶缩脖俑,蔫头耷脑,可怜巴巴,既是国家一级文物,也是"国家一级委屈选手"。

最"标致"的文物

文物中有人面纹饰的不少,却少见如同这件六朝人面纹瓦当这般,五官俱全且标致的,还有根根胡须,神态生动。

魁星

为什么说这件贴金铜魁星铸像最"有才"呢?因为魁星主文运、文章,自古就是想求取功名的读书人心目中最亮的那颗"明星"。谁要是考了第一,那就叫作"夺魁",就成了"魁首"。这尊魁星像的造型就具有魁星点斗、独占鳌头之意。

不朽的梦
银缕玉衣

国宝档案

银缕玉衣

材质：玉片、银丝
所属年代：汉代
现藏地：南京博物院
出土地：江苏省徐州市土山一号汉墓

国宝小档案

这件文物可不是什么战士全副武装的铠甲，而是墓主所穿的"衣服"。整件"银缕玉衣"全长170厘米。从外观形状看，和人体几乎一模一样，包括头罩、上衣、裤子、手套、鞋子等部分，都以丝织物缀边，既美观，又便于加固定型。全衣共用玉片2600余片，编缀玉片的银丝重约800克。

什么是"玉衣"

玉衣是汉代帝王和贵族死后使用的殓服，又称"玉匣"或"玉柙（xiá）"。有用银丝穿缀的"银缕玉衣"，自然就有用金丝铜线制作的"金缕玉衣""铜缕玉衣"。

不过，不同类型的玉衣可不能乱穿。

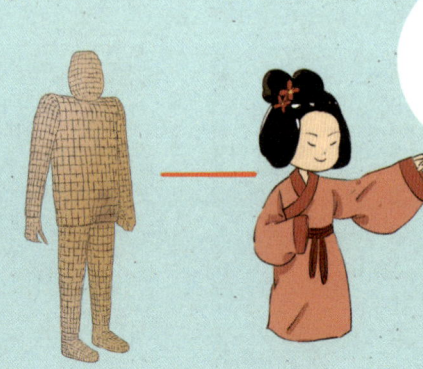

> 金缕玉衣是帝王专属，诸侯死后则穿银缕玉衣，一般的贵族和长公主穿铜缕玉衣。

"玉衣"怎么做

要制作一件玉衣，可不容易。首先，需要对大量的玉料进行筛选与加工；再根据人体部位把玉料制作成对应大小与形状的玉片；之后打磨、抛光，并在玉片四角穿出极小的孔。接着，用由极细的金、银、铜丝等拧成的丝线编缀玉片，从头到脚，把每个彼此分离的部件依照人体的模样做好，最后将各部件组合在一起。

左右手套和拇指套

无论从用料还是工艺来看，"玉衣"都称得上丧葬用品中的高端奢侈品。

目前发现玉片最多的一件玉衣是江苏省徐州市狮子山楚王陵出土的"金缕玉衣"，多达4200余片哦！

分了左右脚的鞋子

玉衣之下的"不朽梦"

> 做玉衣这么麻烦，为什么不用其他的衣服来下葬呢？

> 这和古人对玉的认知有关。

在古代，玉既是身份地位的象征，又能代表君子之德，还被认为是通灵之物。想长生不老，就吃点儿玉，死后若想永不腐朽，就用玉来随葬。

以玉随葬的形式多样，周朝出现的"缀玉面幕"，可以算作玉衣的雏形。

> 虽然古代的"食玉"之风确实存在，魏晋南北朝时尤盛。但吃玉就能长生，完全是无稽之谈，还会危害身体健康，是古代科学不发达、认知不到位所导致的，可千万不能模仿哦。

> 看，这就是缀玉面幕，把做成眉眼鼻口形状的玉石片，缀附在织物上，如同"玉面具"一般盖在死者面部。因为古人认为，将玉置于人的双眼、嘴等七窍中，可以让死者一如生时，尸身千年不坏。

到了汉代，在"事死如事生"观念的影响下，厚玉随葬的风气就更盛了，魏文帝曹丕时才下令废除玉衣随葬的制度。

古人为了追求"长生不老"有多努力？

有人寻找"仙药"

玉衣之下的"不朽梦"，是古代丧葬文化中很重要的一部分。

这种对尸体不朽的追求，其实与古代许多帝王、贵族对长生不老的渴望是相伴而生的。

为追求"长生不老"，古人真是挺努力的。

当然了，仙药是不可能找到的，前后两次出海的徐福最终一去不返，秦始皇照样驾崩……

> 徐福东渡求仙药的故事，在很多古代文献中都有记载。最早见于司马迁的《史记》，是指秦始皇时期派遣徐福带童男童女出海去寻找三座仙山，求取仙药一去不返的事件。有一种说法认为，徐福虽没有找到所谓的"仙山"，却抵达了今天的日本。

有人炼制"仙丹"

> 求人不如求己，仙药渺茫，不如试试我炼制出的仙丹，吃了也能长生不老！

那么，一枚古代的"仙丹"最可能包含哪些主要成分呢？

丹砂　　硫黄　　硝石　　水银

显然，服食这些含有重金属的"仙丹"之后，非但不能令人健康长寿，反而会慢性中毒，最终一命呜呼。历史上，不少帝王与名人都因服食丹药，或暴毙，或早逝。

但也有如唐代大诗人白居易这样的"人间清醒"，并不盲目跟风吃丹药求长生。

在《思旧》一诗中，白居易就列举了因信丹药而丧命的名人。对比自己不信"仙丹"，主打一个"乐天"精神，反而活出了在古代十分难得的74岁高寿。可见丹药吃不得。

> 闲日一思旧，
> 旧游如目前。
> 再思今何在，
> 零落归下泉。
> 退之服硫黄，
> 一病讫不痊。
> 微之炼秋石，
> 未老身溘然。
> 杜子得丹诀，
> 终冬不衣绵。
> 崔君夸药力，
> 经冬不衣绵。
> 或疾或暴天，
> 悉不过中年。
> 唯予不服食，
> 老命反迟延。

可不是吗？光看那些炼丹的原料，不知道的还以为是在炼制火药呢！

总算还是有明白人的！

哈哈，丹药和火药还确实是有关系的。

众所周知，火药是中国古代四大发明之一，但你知道火药的发明其实源于炼丹术吗？

古代的炼丹家们在长期的实践中发现，若是把硫、硝（xiāo）、炭三种物质一起放进丹炉，就很容易燃烧，导致失火甚至炸炉塌房的事故。

炼丹的过程中，其实包含了许多的化学反应。除了火药，古代炼丹家们还为水法冶金、人工合成水泥等都贡献了灵感。

于是这一配方在军事家手中就成了伟大的发明——火药，可谓"歪打正着"。

汉砚珍品
东汉鎏金银嵌宝石兽形铜砚盒

国宝档案

国宝小档案

此砚是南博的镇馆之宝之一,通体鎏金银,镶嵌着的红珊瑚、青金石与绿松石依旧熠熠生辉。整个砚盒状似蟾蜍,龇牙瞪眸,蜷蹲于地,但又比寻常蟾蜍多了些"神化"的元素——凸起的眉上生有龙角,身体两侧还长着一双羽翼。它是东汉的吉祥神兽,体现了当时社会上盛行的求仙升天思想。

东汉鎏金银嵌宝石兽形铜砚盒

类别:铜器

所属年代:东汉

现藏地:南京博物院

出土地:江苏省徐州市土山一号汉墓

设计巧妙的实用砚

此砚盒出土时,砚堂表面尚留有墨痕。说明它并非陈设,也非专用明器,而是实用砚。

砚主人在使用时,只要执神兽背部那个可系绳的小圆钮,便能打开盒盖。开盒后,神兽前伸的嘴部与下颌处的空间,则可作为贮水的墨池,设计巧妙,兼顾了功能性与艺术性。

砚的别称

砚是"文房四宝"之一，承载着文人墨客的情怀，拥有些雅趣的别称是自然的。

即墨侯

唐人文嵩为砚"封侯"。作《即墨侯石虚中传》，称砚姓石，名虚中，字居默，封"即墨侯"，趣味盎然，又十分贴切。

石友

还有不少文人把砚当作朋友，称其为"石友"。宋代王炎有诗云："剡（shàn）溪来楮（chǔ）生，歙（shè）穴会石友"，其中的"楮生"则是古代对纸的别称。

万石君

大文豪苏轼也曾为产于婺（wù）源龙尾山的罗文砚写过一篇《万石君罗文传》，说："罗文，歙（shè）人也。其上世常隐龙尾山。"并说其因"助成文治，厥功茂焉"，封其为"万石君"。

小贴士

拟人法之外，给砚取别称的思路还有很多。比如，大砚称"墨海"，小砚称"墨池"。或是以砚为田，研墨如耕田，取耕耘之意，名之"墨田"等。

四大名砚

你知道中国有四大名砚吗？它们分别是端砚、歙砚、洮河砚和澄泥砚。

端砚

"群砚之首"，制作石料产于肇（zhào）庆，古称端州，因此所制之砚称为"端砚"。端砚的石质细腻温润，好的端砚能做到磨之无声，储水不耗，发墨而不损毫。

清代 端石双龙砚

歙砚

因其石料产于安徽黄山、天目山、白际山之间的古歙州而得名。此砚有不吸水、不拒墨、不损毫、贮水不涸等特点，深受历代书法家的喜爱。

明代 鱼龙形歙砚

洮河砚

洮（táo）河砚，又称洮砚、洮石砚。因其石料产于古洮州洮河之滨而得名。洮河石色以绿为主，兼有其他变种色相。洮河砚砚泽光润如玉，下墨与发墨的效果俱佳，不损毫。

宋代 洮河石雕兰亭集会图砚

澄泥砚

四大名砚中，只有它的制作材料并非石材，而是以经过澄洗的细泥作为原料烧制而成。创于唐而兴于宋，属陶砚一类。但它的质地坚硬耐磨，易发墨，不损毫，一点儿也不输给石砚中的名品。

清代 御铭澄泥石渠砚

一方砚，一段史

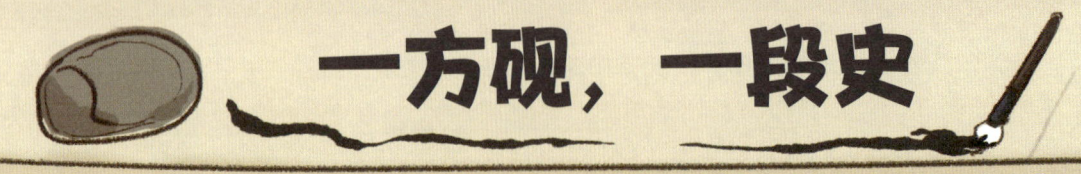

关于砚，你一定还有许多疑问：它是从什么时候诞生的？又经历了怎样的发展历程呢？

从无"砚"到有"砚"

砚台的"前世"，大约诞生在新石器时期。早在那时，先民们就已经发明了石质研磨器，用研石把颜料块碾成粉末后使用。

后来，随着墨的发明与形制转变，人们直接手握墨块就能在器表上研墨。于是，真正意义上的砚台就在东汉中晚期诞生了。

汉 双龙钮盖三足石砚

汉 三熊足石砚

砚台也"碰瓷"

到了六朝时期，江南一带的陶瓷产业高速发展。当砚台碰上瓷文化，瓷砚就此登上了历史的舞台，并流行起来。

东晋 青釉三足瓷砚

❀ "盛砚"时期 ❀

唐宋时期，随着社会文化的发展繁荣，砚台的发展进入兴盛期，制砚水准大大提高。

哇，这砚台的"足"也太多了吧！

唐 青瓷多足辟雍砚

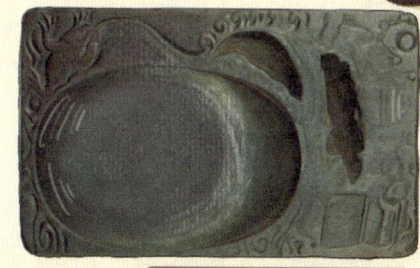

宋 端石雕蟾纹砚

造型古朴、雕工简练是宋代石砚的特点，比之前朝作品更富文人气息。

小贴士

所谓"辟雍"，其实最初是周天子所设立的大学。其建筑形式四面环水，形如玉璧。辟雍砚就是一种形似辟雍建筑样式的圆形多足砚。

❀ 从用砚到赏砚 ❀

明清时期，制砚名家辈出。所制砚台也开始追求繁复精美，甚至还掀起了一股赏玩砚台的潮流，出现了纯粹用于陈设的砚种。

明 端石琴式砚

清 葡萄石秋潭葡形砚

无论是风雅有趣的别称，还是各式各样的材质，又或是精心设计的形制，一方砚中寄托了太多太多古人的审美思想与生活情趣，伴随着经久不散的幽幽墨香，将中华传统文化代代传承……

辟邪"鸭梨"
西晋青釉瓷神兽尊

国宝档案

西晋青釉瓷神兽尊

类别：瓷器
所属年代：西晋
现藏地：南京博物院
出土地：江苏省宜兴市周处家族墓

国宝小档案

远看一只大鸭梨，近看一头小神兽。这件青釉瓷神兽尊，是西晋越窑的精品，釉色略微泛灰，高度将近28厘米，尊与神兽的造型融合巧妙。只见尊上的"神兽"瞪着一双圆圆的大眼睛，小猪鼻似的鼻孔朝天，口中含着一颗大大的宝珠，还露出四颗尖牙，看起来有点儿凶呢。

从凶兽到瑞兽

很显然，这件青釉瓷神兽尊的神兽形象，并非任何一种自然界中真实存在的生物，但也不是工匠凭空捏造的。

有观点认为，它的原型，正是神话传说里"四大凶兽"之一的穷奇。

据说，穷奇长得像老虎，叫声却像狗，还长有一双翅膀，性情凶狠，喜欢吃人。但舜帝将四凶兽流放到四方边地，用它们抵御"魑魅"，成功化害为利的故事，又令穷奇的"凶兽"形象有了转变的契机。

事实上，穷奇在汉代时就已成了瑞兽。据说它能吃掉那些让人生病的妖魔鬼怪，为人们驱逐妖邪，解蛊毒。

而西晋时期，战乱瘟疫不断，人们就更加渴望平安，远离灾病。于是，带有辟邪属性的神兽们就更受欢迎了。这件青釉瓷神兽尊也是件镇墓辟邪之物。

还记得与穷奇并称"四大凶兽"的另外三者是什么吗？

答案：饕餮、混沌、梼杌。

不做"第三害"的周处

青釉瓷神兽尊镇守在周处家族墓中，或许也曾在陪伴墓主长眠的岁月里，听说过民间流传着的周处除"三害"的故事。相传，周处年少时可不是个好孩子，十分任性霸道。乡亲们将南山猛虎、西汜蛟龙和周处合称为"三害"。周处争强好胜，乡亲们就用激将法，激得他入山杀猛虎，又下水斩蛟龙。

周处杀蛟龙用了三日三夜，乡亲们以为他也死了，都开心地庆祝起来。谁知周处活着回来了，看见这一幕，周处才知道自己之前的所作所为有多么糟糕，便决心改过自新，不做"第三害"。于是他找到了当时的名士陆机和陆云，求得指点，用自己的武勇造福百姓，最终成为西晋名将。

周处能知错就改，真棒！

有趣的兽类"表情包"

谁能拒绝可爱的猪猪呢？

来自新石器时代的猪形陶罐们，长着可爱的猪鼻，像是在"卖萌"，又好似有点羞涩，一点都没有身为文物的"架子"。

每只小猪的背上还都设计有一个注水口，专家据此推测，这些猪形陶罐很有可能是先民们使用的盛水器。

今天也是精致的猪猪。

哈，我还以为是存钱罐呢！原来是储水罐！

我家里就有一个可爱的金猪存钱罐。

其实现代存钱罐设计成金猪的样式，并非没有原因。在古代，猪作为家养"六畜"之一，是很重要的家庭资产，甚至可以说，有猪的房子才是家。

不信你们看，甲骨文中"家"字的写法，像不像房子里吊着头猪？演变到现在的"家"字，上半部分的宝盖头表示房屋，下边的"豕"（shǐ）的意思就是猪。

甲骨文 家

獬豸能有什么坏心思？

这是一件明代的黄琉璃脊兽。

所谓脊兽，就是中国古代建筑屋顶的屋脊上所安放的兽件。一般最多放十件，"獬豸"（xiè zhì）在其中排行老八。

我能有什么坏心思？

传说中的獬豸，也称"直辨兽"。十分聪明，能明辨是非，识忠奸善恶，代表着司法公正。

因此，古代以"獬豸冠"作为御史等执法官吏戴的帽子。又称"法冠""铁冠"，象征公正。如今不少法学院和法院门口还都还立着獬豸的雕塑呢。

> 古代建筑上最多有十只小兽，一般是龙、凤、狮子、天马、海马、狎鱼、狻猊（suān ní）、獬豸、斗牛、行什。给它们领头的是骑凤仙人。

哈哈哈哈……

爱笑的小兽运气都不会太差

谁说文物不爱笑？这对清代金门风狮爷大门陶灯座，所塑造的神兽形象简直完美诠释了什么是"笑口常开"。看它们那凸出的眼睛和咧开的大嘴，似乎隔着大老远都能听到笑声。

> 风狮爷，是福建省的一种地方风俗，造型可能是由庙宇门口的石狮子演变而来的。当地人喜欢把风狮爷放到家门口等处，用来避邪镇煞、避灾祈福。

铲屎官们的最爱

这看起来胖乎乎的脚丫，软乎乎的肉垫，酷似猫爪。来自周代的足形金饰一下子就俘获了所有爱猫人士的心。从金饰出土的位置来看，应该是墓主人腰带上的配饰。

和我一起喵喵喵~

魏晋风度遗千古
竹林七贤与荣启期砖画

国宝档案

竹林七贤与荣启期砖画

材质：砖
所属年代：南朝
现藏地：南京博物院
出土地：江苏省南京市西善桥宫山大墓

国宝小档案

该大型画像砖组画为首批禁止出国（境）展览文物，原分为两组，各在墓室内部南、北两壁，是目前发现的最早的魏晋人物画实物。画上的八人皆席地而坐，神态各异，栩栩如生，人物之间还以银杏、槐树等植物相隔，形成既独立又统一的画面。

魏晋名片——竹林七贤

"竹林七贤"可谓是魏晋时期的一张名片。一提到魏晋，人们往往都会想到他们。

三国魏正始年间，阮籍、嵇康、向秀、山涛、刘伶、阮咸、王戎这七位名士，常在当时的山阳县竹林间饮酒纵歌。他们博才多学，各怀出众的才能，又不拘礼法，潇洒直率，是魏晋风度的代表，世谓"七贤"。后与地名"竹林"合称，于是便有了"竹林七贤"。

小贴士

目前，最早的画像砖可追溯至战国晚期，盛行于两汉。是用拍印或模印法制成的图像砖，多用于墓葬装饰。这件国宝画像砖用的是"模印法"，即先在砖头模子上刻画图案，之后再压印在砖坯上烧制出来。

有趣的"同框"

以"竹林七贤"为题材的砖画中,却出现了春秋时期的人物,这可不是匠师们的谬误。春秋与魏晋相隔虽远,但荣启期与"竹林七贤"同为名士的风度却是相近的。

荣启期此人,博学擅音,思想深邃,品行高洁,超脱世俗,能在山水间怡然自乐。

你看,这件砖画中的荣启期披发长髯,盘膝坐于蒲团之上,似在抚琴而歌,正符合人们心中的"高士"形象。他与"竹林七贤"的"同框",除了考虑到画面人物的对称美外,也是由于同为名士的"合拍"吧!

砖画拓片

画中风骨在

用现在的话来说,"竹林七贤"就是那个时代的大明星,有人跟风效仿他们的行为,也有人为留住他们遗世独立的风采,而将其绘于画作。因为创作者众多,以致形成一类绘画题材,被称为"七贤图"或"七贤画"。

这幅《高逸图》是唐代著名画家孙位的作品,又名《竹林七贤图》,所描绘的正是魏晋时期"竹林七贤"的故事,只可惜如今传世只余残卷。虽仅存王戎、刘伶、山涛、阮籍四人,但其人物刻画神形兼备,足以令观者从画中感受到魏晋名士那清雅隐逸的高洁风骨。

"魏晋男团"大起底

嵇康

嵇康的家世很不错,父亲和哥哥都曾在朝廷做官。本人也是又高又帅,且才华出众,喜好音乐,弹得一手好琴,尤其善弹《广陵散》。砖画中的嵇康,正陶醉于琴音,怡然自得。

然而,嵇康因受陷害,被当时曹魏掌权的大将军司马昭处死。临刑前,嵇康仍旧从容,索琴弹奏了一曲《广陵散》,为世人留下了千古绝响。

小贴士
《广陵散》,又名《广陵止息》,是著名的十大古琴曲之一,旋律激昂慷慨,气势恢宏,饱含一种愤慨不屈的浩然之气。

阮籍

阮籍,字嗣宗,自幼丧父,家境清苦。但他勤奋好学,天赋极高,因曾担任过步兵校尉一职,又被称为"阮步兵"。阮籍喜欢弹琴长啸,画中的他应该就是在撮口发出清越悠长的啸声吧。

"青白眼"
关于阮籍,有个特别有趣的典故——青白眼。对待讨厌的人,他以白眼视之;对待喜欢的人,就用青眼。据说,他的母亲去世之后,嵇康的哥哥嵇喜来吊唁,但阮籍并不待见他,就给他翻了一个大白眼;后来嵇康来吊唁,他立刻转为青眼相待,可见是十分喜欢嵇康的。

阮咸

阮咸是阮籍的侄子,被世人并称"大小阮",时号"妙达八音",有"神解"之誉。正如砖上所画,他擅弹琵琶。不过这里的"琵琶",其实是一种圆形直柄被称为"阮"的弹拨乐器。

据说阮鹹是因为阮咸善于弹奏,才因此得名。

小贴士

琅邪王氏是古代中原地区著名的名门望族之一，长期生活于琅邪一地。族内人才辈出，其家族势力在东晋达到鼎盛，可与当时的司马氏匹敌，因此史称"王与马，共天下"。

山涛

山涛是七贤中年纪最长的。司马氏建立西晋后，他历任侍中、吏部尚书等职。山涛选用官员，能按照贤德与能力来公开选拔。不过他也是个酒鬼，而且酒量不凡。你瞧，画中的他手里也拿着个酒杯呢。

刘伶

刘伶个头不高，其貌不扬，平时寡言少语，不喜社交。但与阮籍、嵇康一见如故，就加入了竹林聚会的行列。他嗜酒如命，被称为"醉侯"。砖画中的刘伶正持杯斟酒，看起来已喝得醉醺醺了。

王戎

王戎是七贤中年龄最小的一位。出身琅邪王氏，自幼聪慧，为人直率健谈，在仕途上也颇有所成，曾任司徒，位列三公。此砖画中的王戎赏玩如意，姿态闲懒，自得其乐。

向秀

向秀写得一手好文章。但不善喝酒，对老庄之学很有研究，曾以玄学对《庄子》加以注释。砖画中的向秀闭目倚树，似乎在深思玄理。

哈哈，这里的"玄学"是指魏晋时出现的一种哲学思想与思潮。是对《老子》《庄子》和《周易》的研究与解说。

玄学？算命的那种？

丹青·鸟
《鸜鹆图》

国宝档案

高 88.2 厘米

长 52 厘米

《鸜鹆图》

材质：纸本
所属年代：北宋
创作者：赵佶（jí）
现藏地：南京博物院

国宝小档案

这是一幅宋代花鸟画，画中的主角是三只鸜鹆（qú yù），其中两只正激烈相斗，嘴啄爪挠，毛血飞洒，谁都不甘示弱。而另一只则落在一旁的松树枝头观战。画家笔下，鸜鹆的羽毛浓黑，松树的鳞皮逼真，松针的尖芒细而锐，根根分明。

别看"鸜鹆"二字生僻，却是一种我们都很熟悉的鸟类——八哥。八哥有着很强的模仿能力，甚至能学人说话。古时，就已有达官贵人驯养八哥作为宠物鸟了。

花鸟画发展史

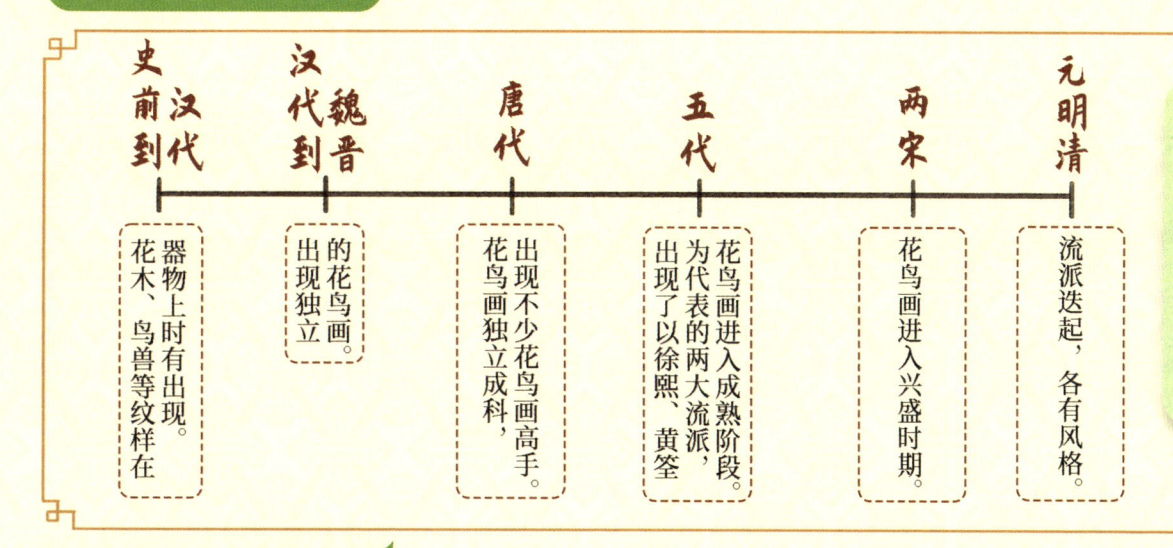

史前到汉代：器物上时有花木、鸟兽等纹样出现。

汉代到魏晋：出现独立的花鸟画。

唐代：出现不少花鸟画高手，花鸟画独立成科。

五代：花鸟画进入成熟阶段，出现了以徐熙、黄筌为代表的两大流派。

两宋：花鸟画进入兴盛时期。

元明清：流派迭起，各有风格。

在中国画中，凡以花鸟鱼虫等动植物为描绘对象的绘画，都可统称为"花鸟画"。

从器物上的装饰纹样到逐渐独立，再到兴盛繁荣，花鸟画在历史上经过了漫长的发展历程。

去宋画里观鸟

都说艺术源于生活，赵佶在创作这幅花鸟画时，必然是对生活观察入微，才能将八哥相斗的情景如同现代摄影一般定格瞬间。那么，我们不妨再从艺术中去品味生活，到宋代的花鸟画中，去认识那些美丽又可爱的鸟儿吧！

先来认识两只同样出自赵佶笔下的鸟儿。

这是《写生珍禽图》中的太平鸟，瞧它头顶上那漂亮又神气的羽冠，让人忍不住想要伸手摸一摸。

这是《桃鸠（jiū）图》中的红翅绿鸠。它的名字是不是很形象？身上的大部分羽毛都属于深深浅浅的绿色系，一双红色的翅膀在一片绿色中特别显眼。

接下来是两只在南宋画家林椿画作中立于枝头的鸟儿。

《果熟来禽图》中立在枝丫上的应该是棕头鸦雀，又称粉红鹦嘴、红头仔。名字和它圆圆的脑袋一样可爱。

《梅竹寒禽图》中的这只鸟儿，多半是黄眉姬鹟（wēng）。

冬日里也能赏鸟。这是南宋李迪《雪树寒禽图》，画的是一只正悄然栖息在寒枝上的伯劳鸟。

对了，吃过鹌鹑蛋的小朋友们，你知道鹌鹑长什么模样吗？

看，南宋画家李安忠《鹑图》里这只鹌鹑符合你的想象吗？

不过，古人驯养鹌鹑之初，其实是为了让它们比赛相斗与鸣叫的本领。唐、宋时期赛鹌鹑在皇宫和民间都很盛行哦。

赵佶的艺术人生

赵佶，即宋朝的第八位皇帝宋徽宗。他极具艺术天赋，甚至堪称全才，但在治理国家方面却实在不太在行。北宋在他的统治下危机四伏，最终走向了灭亡。后世对他的评价是："宋徽宗诸事皆能，独不能为君耳。"

> 这句话是什么意思呀？

> 意思是，宋徽宗做别的事儿都能做好，唯独做不好君王。

> 可他偏偏当了皇帝，这是入错行了呀！

赵佶与书法

提到赵佶，就必然要联想到他独创的字体——"瘦金体"。"瘦金体"是极具个性的一种字体，运笔灵动潇洒，笔迹瘦劲绰约，结构疏朗端正。《楷书千字文卷》就是赵佶的瘦金体书法代表作之一。

赵佶与绘画

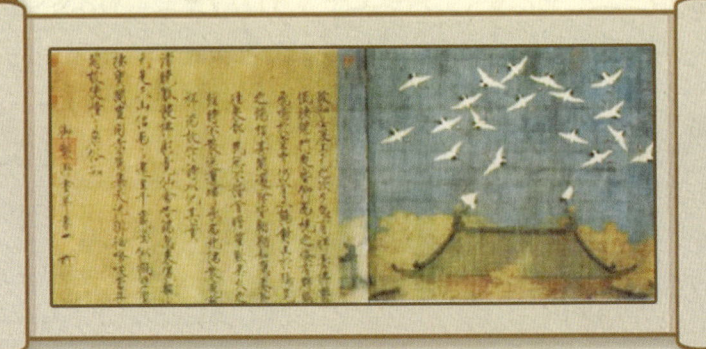

赵佶《瑞鹤图》

赵佶最擅长绘画，又尤以花鸟画著称。赵佶画花鸟，注重写实，细节逼真，笔下之物形神兼备。相传，他还曾独具匠心地用生漆来点画眼睛，乃名副其实的"点睛之笔"。另外，赵佶还喜欢将题诗、书法、绘画、钤印四者巧妙地布局于画作之上，引领"诗书画印"一体的创作风尚。

赵佶与艺考

皇帝爱画，自然使画家的地位大大提升。宋徽宗还成立了当时的宫廷画院——翰林书画院。为了招揽才华出众的画家，他将绘画纳入科举制度和学校制度，亲自主持美术考试，并出题令考生依照所给出的诗句意境来作画，堪称宋朝版"艺考"。

> 哈哈，画《千里江山图》的王希孟不就是宋徽宗"招生"成功的案例吗？

> 有道理！

赵佶与宣和装

宣和，是宋徽宗的第六个年号，也是最后一个年号。宋徽宗大约是很喜欢这个年号的，还自号"宣和主人"。也是在宣和年间，他为更好地保存宫内的书画收藏，钦定了一种十分高端大气上档次的书画装裱形式，并亲题标签，称为"宣和装"。

"宣和装"的显著特点，就是在装裱时会按一定的规则盖用宋徽宗的七枚鉴藏印，世称"宣和七玺"。

收藏家赵佶

宋徽宗赵佶不仅精于书画，还痴迷收藏书画，编辑《宣和书谱》《宣和画谱》等书，著录宫廷所藏的历代著名作品。

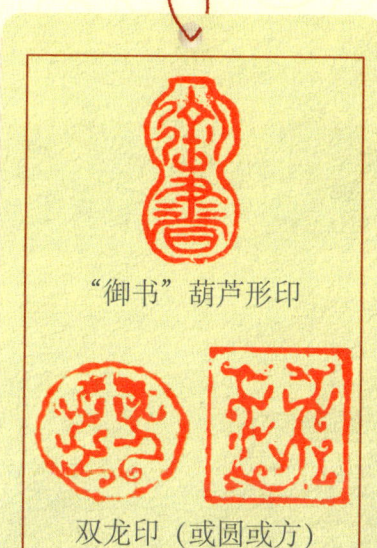

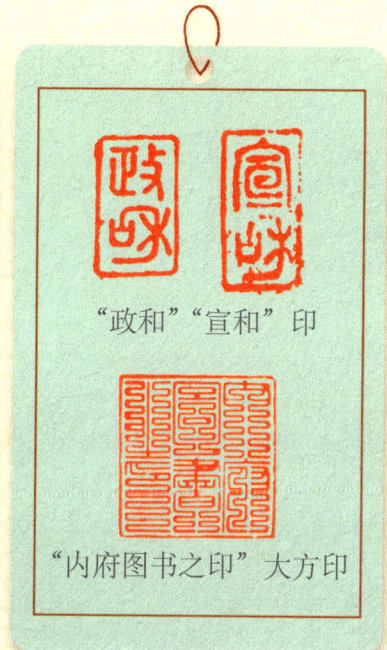

"御书"葫芦形印

双龙印（或圆或方）

"政和""宣和"印

"内府图书之印"大方印

所谓"连珠印"，就是两方印既是独立的，又是连为一体的。比如这件清代的碧玉虎钮连珠印，外形上两个印章是一体的，但"宝亲王宝""长春居士"这两个印文，又是彼此独立的，边框并不相连。

"政龢""宣龢"连珠印

> 作为皇帝，宋徽宗无疑是个失败的例子。但他却为后世留下了极其宝贵的艺术文化遗产。

江山永定
青花寿山福海纹香炉

国宝档案

口径 38 厘米

高 58.5 厘米

国宝小档案

这件南博的镇院之宝是明永乐年间景德镇御窑厂的精品之作，因炉壁满绘波涛和山峦，寓意"寿山福海"而得名。此炉盘口方唇，束颈鼓腹，以三象腿形足为支撑，炉壁上汹涌的波涛似乎要奔涌而出，与仿青铜鼎的宏伟样式完美结合，气势磅礴。

青花寿山福海纹香炉

材质：瓷器
所属年代：明代
窑口：景德镇御窑厂
现藏地：南京博物院

小贴士

青花，是瓷器釉下彩装饰手法之一。制作青花瓷时，先以蓝青色料在瓷胎上描绘纹饰，再上无色透明釉，在高温窑火中一次烧成。青花瓷在元代发展成熟，并于明清时期成为中国瓷器界的主流。

这只瓷炉很"叛逆"

那么谁还记得这件文物叫什么?

对比一下,白地蓝花的青花瓷长这样——

我们都记得!

青花,被用作白地蓝花瓷的专称。一般来说,青花瓷器是在白色的瓷胎上绘制青色的花纹。但这只青花瓷炉却"叛逆"得很,偏要反着来,不惜耗费更多珍贵的颜料,以蓝为主,以白色表现汹涌的海浪。大片的青花色泽浓艳,白色的海浪翻涌不止,美得摄人心魄。

答案:青花的瓷纹图梅瓶

这只瓷炉很"吉利"

寿山福海纹,所绘一般为山石立于汹涌的波涛之上,又称"海水江崖"。纹饰中有山有海,寓意着"福如东海,寿比南山"。

比如这件清代的端石雕寿山福海纹砚,砚底浮雕寿山福海,代表着福寿吉祥的美好祝愿。

但当寿山福海纹遇上鼎式造型的香炉,其寓意就有所改变了。因为鼎有"定鼎天下"之意,加上寿山福海纹,这只炉就有了江山"长寿"、山河永定的吉祥寓意。

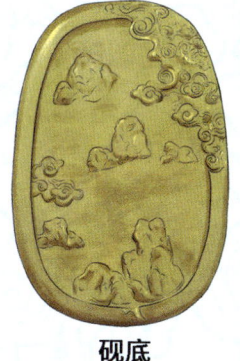

砚面　　砚底

这只瓷炉很"有用"

一般的鼎式大香炉都是祭祀用的"五供"之一,但青花寿山福海纹香炉可能有所不同。

有文献记载,永乐帝于奉天门御朝时,在宝座上坐定后,就会有人奉出一个刻有山河纹饰的香炉置于榻前,奏道:"安定了!"由于这只香炉的制作时间和纹饰特点都与文献记载吻合,专家推测这只青花寿山福海纹香炉应该就是御座前的那只。

小贴士

所谓"五供",指祭祀时用来盛放供品的五件器皿,又称"泰山五供""佛前五供"。这五件器皿分别是香炉一只、烛台一对、花觚(gū)一对。

不止一种青

你知道吗？虽然看上去颜色大同小异，但青花瓷的"青"可从不止一种青哦。

苏麻离青：进口色料，发色浓艳深沉，有时还会出现晕散的效果，且青花色浓处常有黑色的"铁锈斑"出现。这只青花寿山福海纹香炉用的就是这种青料。

石子青：亦称"石青"，产地江西。单独使用时发色灰暗，需与回青调和使用。

平等青：国产色料，也叫"陂塘青"。发色淡雅、清亮，蓝中带灰，不晕散。

韭菜边：产地江西，耐高温。烧制后发色清晰，不晕散，很合适用来细描纹饰。

回青：进口色料，也称"佛头青"。蓝中透紫，多与石子青配合使用。

珠明料：以云南产出的最佳，色彩鲜艳，且能烧制出浓淡不一的层次感，如同水墨画。

浙料：以产地浙江命名的国产色料，又名"浙青"。色调柔和，在清代比较流行。

七种青料

永乐的盛世华光

永乐是明成祖朱棣的年号。由于朱棣励精图治，明朝国力在永乐年间得到了极大的发展，政权稳固，百姓安乐，也为后世留下了不少珍贵的遗产。

"同款"炉

与青花寿山福海纹香炉一样，有两件来自永乐年间的三足炉精品同样值得欣赏。

这件铜鎏金圆腹三足炉，造型仿青铜鼎，颈部刻有汉、梵、藏文的"大明永乐年施"款。是朱棣御赐给瞿昙寺的供器，也是永乐年间御赐藏区寺院的代表性器物，硕大而庄重的器型尽显皇家威严。

青花海水纹香炉，现藏于北京故宫博物院。高55.5厘米，口径37.3厘米，足距38厘米，仿鼎式炉，纹饰精美，青花带有明显的晕散效果。

有研究人员推测，与南博的青花寿山福海纹香炉同为景德镇御窑厂烧制，且款式相同的三足炉，其实有三件。若细看故宫此炉，就会发现有一耳残缺，是经过修补的。还有一件没烧制好，变形了，被打碎埋在地下。运气最好、保存最佳的就是南博这一件啦。

> 这炉不是和青花寿山福海纹香炉长得一样吗？

> 因为它们是"兄弟"嘛。

"大成"书

> 要把这么多书汇总起来，得多少人一起编啊？

> 真是大制作啊！

> 《永乐大典》的编纂团队足有两三千人哦。

提到永乐年间的存世之宝，恢宏巨著《永乐大典》自然不能少。

永乐年间，明成祖朱棣下令编纂一部汇集中国古代各类典籍的大型资料类图书，初名《文献大成》。后由朱棣亲自撰写序言，并赐名《永乐大典》。全书编纂耗时五年有余，共计22877卷，11095册，约3.7亿字，汇集了古今图书七八千种。内容涵盖经、史、子、集、天文地理、阴阳医卜、工艺、农艺等方方面面，堪称集大成的"百科全书"。

瓷中"大红人"
釉里红岁寒三友纹梅瓶

国宝档案

釉里红岁寒三友纹梅瓶

类别：瓷器
所属年代：明代
现藏地：南京博物院
出土地：江苏省南京市江宁区东善桥响龙山明代墓葬

通高41.6厘米

国宝小档案

这只梅瓶，是现存唯一完整的明洪武年间的釉里红带盖梅瓶。盖成铎形，釉质细腻，造型优雅，纹饰精美，只可惜釉里红的发色带黑。但瑕不掩瑜，它还是被定为了国家一级文物。

丰富的纹饰

这只梅瓶一眼望去，瓶身遍布各种纹饰。快数一数，这只梅瓶的瓶身上有多少种纹饰呢？

这瓶上的许多纹饰都是我们的"熟面孔"了呀！

不过梅瓶名字里提到的"岁寒三友"在哪儿呢？

- 宝珠钮
- 斜方格纹
- 缠枝牡丹纹
- 卷草纹
- 缠枝扁菊纹
- 松、竹、梅、蕉叶纹
- 海水纹
- 仰莲纹

其实，瓶身主体部分的松、竹、梅、蕉叶纹，就是以"岁寒三友"为主题，夹饰芭蕉、山石等元素绘制而成的。

岁寒三友，即松、竹、梅。

所谓"岁寒"，指的就是一年中最寒冷的深冬。松、竹坚韧不拔，经冬不凋；梅花凌寒绽放，傲霜斗雪，三者皆不畏寒冬，故称"岁寒三友"。

松，四季常青，寓意坚强不屈；竹，中空有节，象征谦虚正直；梅，生于霜雪，意味冰清玉洁——这些都是备受古代文人墨客推崇、赞美的高洁品质。

因此，"岁寒三友"的形象，在文学、绘画及各类工艺品中被广泛运用。

南宋著名画家赵孟坚的《岁寒三友图》，以秀丽的笔墨，将松、竹、梅折枝横、斜置于画面中央。松、竹枝叶凌厉，如针如剑；梅花傲骨冰心，表达出作者刚正、坚贞的气节。

另外，明清时期的瓷器上也经常绘有"岁寒三友"纹饰。

这件青花松竹梅纹盘的盘心内的纹饰就是"岁寒三友"，寓意高风亮节。

小贴士

这件青花盘为明宣德年间所制。宣德朝的青花瓷，釉面青亮，纹饰细腻，造型优美，一向被认为是明代的青花瓷器之冠。

公主的陪葬

梅瓶在明代一直被皇室、贵族作为陪葬品。那么这只精美的梅瓶，是谁的陪葬品呢？

研究人员从出土的墓志中明确了墓主身份——永乐帝之女安成公主和驸马都尉宋琥。

宋琥出身的宋氏家族在明朝算得上开国功勋，他的父亲宋晟（shèng）曾跟随明太祖朱元璋征战沙场，立下赫赫战功，掌一方军事大权。朱棣将女儿安成公主和咸宁公主分别许配给了宋晟之子宋琥、宋瑛。

但好景不长，宋琥因被扣上"不恭"的罪名，削去爵位后仅仅五年就病逝了。

十几年后，安成公主去世，与丈夫合葬。这只釉里红岁寒三友纹梅瓶，就伴随着夫妻二人长眠于地下，直至墓葬被发现，才重见天日。

难烧的釉里红

什么是釉里红？

釉里红，是瓷器釉下彩装饰手法之一。制作时，先以含铜元素的色料在瓷胎上描绘纹饰，再上无色透明釉，在高温窑火中一次烧成。

> 这制作步骤听起来好耳熟啊……

> 好像和青花瓷的差不多！

青花 VS 釉里红

由于同属釉下彩，青花和釉里红的基本制作步骤都是先绘纹饰再上透明釉，但二者也有显著的区别。

1. 所用色料不同，青花用的是含钴（gǔ）元素的色料。
2. 在烧制温度的要求方面，釉里红更为苛刻。

这抹红有多难烧？

理想效果图　　**实际成品图**

烧制釉里红，需要对火焰温度进行严格把控——1300℃左右的高温效果最好。

温度低了，图案的色泽会发黑。釉里红岁寒三友纹梅瓶就是例子。

温度高了，纹样就会晕散，变得模糊不清，甚至直接不现色，被生动地命名为"烧飞"。

> 这就是"烧飞"了。

历代瓷中"大红人"

明洪武 釉里红缠枝牡丹纹碗

釉里红瓷器创烧于元代景德镇窑，但当时的烧制技术并不成熟，釉色不正，纹饰也多有晕散现象。

到了明代，由于明太祖朱元璋喜红色，釉里红成了瓷器作品中的「大红人」。

早期釉里红瓷发色效果不佳，偏黑灰，后期有所改进。

明永乐 青花釉里红海水龙纹扁壶

随着一代代工匠的不断探索，烧制技术在明永乐、宣德年间发展成熟。但因明中后期的战乱，釉里红烧造技术曾一度失传。

清雍正 釉里红海水龙纹瓶

清康熙年间，恢复烧造釉里红，呈色周正明艳，烧制成功率高。雍正年间釉里红工艺得到全面发展。

"红蓝 CP"之青花釉里红

釉里红瓷器不止一类，其中之一叫作青花釉里红。顾名思义，就是将青花和釉里红两种釉下彩工艺相结合。这只罐子红龙蓝海，搭配巧妙，将艳丽与淡雅融于一器。

是它，是它，就是塔
鎏金藏式佛塔

国宝档案

鎏金藏式佛塔

材质：铜
所属年代：明代
现藏地：南京博物院
出土地：江苏省南京市弘觉寺塔地宫

国宝小档案

这座鎏金藏式佛塔出土时还包含塔身内外的佛、菩萨造像九尊、红砂石底座、四件青花瓷罐（瓶）与金棺银椁（内含佛陀涅槃像）。其中，红砂石的底座正面刻有二力士像，右边的两只狮子正玩着绣球，左边的双鹿正用鹿角打架，后刻一条精致的云龙。

藏式佛塔，俗称喇嘛塔，也叫覆钵式塔，因为塔身像一个倒扣着的钵。至于"钵"是什么？就是《西游记》中唐僧化缘时用的那个"饭碗"啦！

近观佛塔

别看这座"迷你"佛塔，只有三十多厘米高，可构造与制作却很复杂精密。

整座佛塔可分为塔座、塔身与塔刹三个部分：

塔刹，就是塔的最高处，由宝瓶、伞盖等组成。其中伞盖宽大，周圈还铸有口吐珠链的兽面和莲叶，做工精细。

塔身圆鼓，四边开有汉地流行的"壶门"，塔内放置有造像。

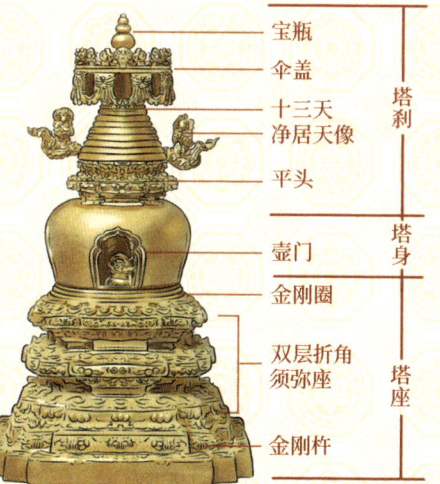

塔身各部分标注：宝瓶、伞盖、十三天净居天像、平头（塔刹）；壶门、金刚圈、双层折角须弥座、金刚杵（塔身、塔座）。

塔座以双层折角须弥座为主，另饰有金刚杵与金刚圈。

小贴士

须弥座，又称"金刚座""须弥坛"。源自印度，原指安放佛、菩萨像的台座，不同时期的须弥座有着不同的特点。后来也代指建筑装饰的底座。

基座部分还刻有记载喇嘛塔制作者与供养人的铭文，分别是"金陵牛首山弘觉禅寺永充供养""佛弟子御用监太监李福善奉施"。

小贴士

明朝是宦官权势的高峰期，御用监为明朝宦官的官署名。铭文说明了此塔供奉人就是御用监的太监李福善，其历经五代帝王，多次伴驾出巡出征，深受重用，恩宠极隆。他还用历任皇帝所赐的财物，在北京西翠微山兴建寺庙，并得明英宗赐名为"法海禅寺"。

来自异域的"塔"

塔起源于印度，跟着佛教传入中国。

在藏传佛教中，有八座细节不同的喇嘛塔，分别用来赞颂释迦牟尼一生的八大功德，被称为"如来八塔"。

莲聚塔、菩提塔、吉祥门塔、神变塔

天降塔、和解塔、尊胜塔、涅槃塔

对比一下，你觉得"李福善奉施"的这座鎏金藏式佛塔属于八塔中的哪一种呢？

答案："菩提塔"，曾被古印度博多迦耶摩诃菩提佛塔所佑。

一起去看塔

岁月悠长，数量繁多的各式古塔沉默地伫立在华夏大地上，从建筑形式上看，有楼阁式塔、密檐式塔、覆钵式塔等；从建筑材料上看，有砖塔、石塔、木塔，在这些古塔中，哪座最让你惊艳呢？

嵩岳寺塔

崇圣寺三塔

广胜寺飞虹塔

嵩岳寺塔，位于河南省登封市嵩山南麓嵩岳寺内，建于北魏时期，是中国现存最早的砖塔。该塔高37米，为15层的密檐式砖塔，平面呈十二边形，高大挺拔，轮廓秀美。

崇圣寺三塔，位于云南省大理市大理古城西北部，三塔基础构造相同，均为密檐式空心四方形砖塔。其中，最大的一座塔居中而立，又名"千寻塔"，另外两座小塔拱卫在侧。

广胜寺飞虹塔，位于山西省洪洞县的广胜寺景区内，形似尖锥，共13层。全塔的琉璃贴面在光线的映射下华光璀璨，是中国琉璃塔中保存最为完整的代表作，也是世界最高的多彩琉璃塔。

应县木塔

大雁塔

小雁塔

佛宫寺释迦塔，位于山西省朔州市应县城西北佛宫寺内，"应县木塔"是其俗称。该塔建于辽代，塔高近70米，呈平面八角形。是世界上现存最高大、最古老纯木结构楼阁式建筑。

大雁塔，位于陕西省西安市雁塔区大慈恩寺内。是现存最早、规模最大的唐代四方楼阁式砖塔，也是佛塔传入中原后融入了华夏文化的典型例证。

小雁塔，位于陕西省西安市碑林区荐福寺内，又称"荐福寺塔"。原有15层，现存13层，高43.4米，塔形秀丽。

金玉良缘
金蝉玉叶

国宝档案

金蝉玉叶

材质：金、玉
所属年代：明代
现藏地：南京博物院
出土地：江苏省苏州市五峰山张安晚家族墓

国宝小档案

这件不到巴掌大的文物，是我国目前出土的唯一一件金蝉玉叶。它由一只栩栩如生的金蝉和一片洁白莹润的玉叶组成，脉络分明的玉叶分为八瓣，托起了这只双翼略张、嘴巴微开，似正在鸣叫的金蝉。二者相得益彰，可谓"金玉良缘"呢！

金光玉耀

这件金蝉玉叶，不仅构思奇巧，妙趣盎然，用料也是真金与美玉"同框"，相当扎实。

根据检测，金蝉的含金量达到了95%，而玉叶则是由珍贵的新疆和田羊脂白玉做成。金蝉翼厚度仅有0.2毫米，表现了蝉翼轻而薄的特点，而玉叶玉质细腻，琢工精细，厚度也只有2毫米。

当高超绝妙的金银器与琢玉工艺，遇上真金美玉的材料，一件明中期杰出的艺术品就诞生了。

金"知"玉叶

金蝉玉叶发现于墓主人的头部。与它一同出土的，还有银笄(jī)两件、金银嵌宝玉插花四件，都是发饰。另外，考古人员还发现了一根4.7厘米长的银柄，柄顶端有一带小孔的银托，与金蝉玉叶共同组成了插在贵族女子发髻上的发簪。蝉别名"知了"，"知"谐音"枝"，其造型设计有可能是取用了"金枝玉叶"之意来显示身份尊贵。

如金蝉玉叶这般，以草虫作为题材的草虫簪，是明朝头饰中很流行的一类单品。以蜜蜂、蝴蝶、蜻蜓、螽(zhōng)斯、蜘蛛、蝎等形象做簪首，配上草叶，精致玲珑，活泼俏丽。

明 嵌宝蝶形首银鎏金发簪

千年"蝉意"

蝉是中国古代艺术作品中的经典意象，无论是"咏蝉""佩蝉"或是"含蝉"，都与蝉的象征意义有关。

居高饮露，廉洁忠贞

貂蝉冠

在古人看来，蝉所饮的是最洁净的露水，不食人间烟火，是高洁的象征。

古代高级官员戴貂蝉冠，寓意做臣子要保持清廉忠贞的高洁品质。

蝉腹巾

文人雅士戴蝉腹巾，表达自己超脱世俗、洁身自好的志趣。

蝉蜕重生、永生不灭

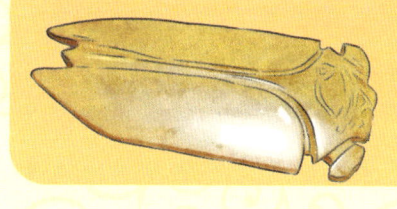

含蝉

古人把蝉破土而出，于夏季高鸣，看作死后重生。古代陪葬品中就有一种含蝉，放在死者口中，寓意死者只是和蝉一样在地下安眠，等待来年再生，寄托着人们对永生不灭的期盼。

明朝女子潮流发饰

> 原来金蝉玉叶是支发簪呀，要怎么戴呢？

> 直接簪在发间？我看很多电视剧里都这么演！

> 哈，电视剧里演的可不一定是对的哦。

明朝已婚妇女在佩戴发饰前，需要先戴上鬏（dí）髻（jì）。之后再把各类成套的首饰插戴在鬏髻上，可统称为"头面"，是彰显身份、地位与财富的标志。

> 鬏髻是一种类似帽网的东西。一般用金银丝、头发等材料编成，和头套的用法差不多，用它将梳好的头发罩起来就行。

鬏髻

一副体面又完整的头面，往往由十几件，甚至二十几件饰品组成；且各有各的名称与插戴规则，让我们一起来认一认吧！

挑心

明代妇女头面的"C位"担当，插戴在鬏髻正前最显眼之处。图案题材多为佛像、宝塔、梵文、凤凰、王母等，工艺繁复奇巧。

镶宝石王母驾鸾金挑心

掩鬓

掩鬓，又称"边花"或"鬓边花"。都是两支一组成对使用，插戴于左右两鬓。云朵与团花是其最常见的簪首样式，再配以螺丝、錾花、镶嵌等各种复杂的工艺装饰云朵与团花。

镶宝石云纹头鎏金银掩鬓

镶玉嵌宝人物纹如意形金分心

分心

一种插戴于鬏髻前后下沿部的样式特殊的簪子。图案题材常围绕各路神仙道人，还会配以亭台楼阁、龟鹿仙鹤等。

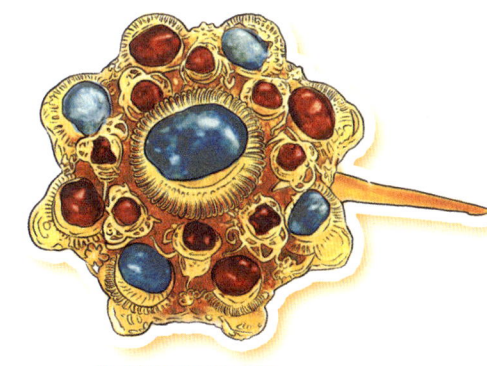

金镶宝花顶簪

顶簪

一种插戴在鬏髻顶端的簪子，自上而下插戴。装饰髻顶的同时，还能对鬏髻进行支撑与固定，防止因插戴首饰过多而变形。

镶宝嵌玉八仙金钿

花钿

花钿（diàn），又称"钿儿"。插戴在鬏髻前方底部的一种发簪，整体呈弧形环带状。背面有垂直向后的簪脚用于固定，很像现在用的发箍。花钿的图案题材多为花卉、云朵、龙凤、仙人等。

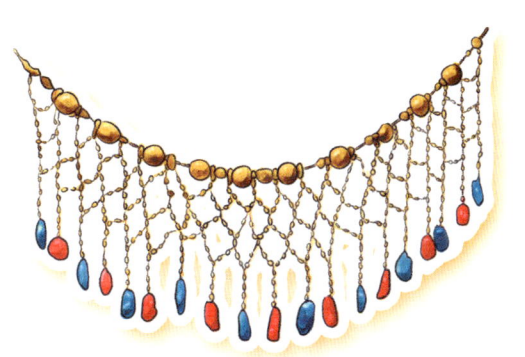

珠子璎珞围髻

围髻

环戴于鬏髻下部，样式多为弧形的梁下垂珠子、璎珞。

除了有特定插戴规则的发饰外，明代妇女还会选择各式各样的小簪子来搭配点缀，使得整套头面看起来更加饱满华丽。

丹青·花
《杂花图》

国宝档案

《杂花图》
材质：纸本
所属年代：明代
创作者：徐渭
现藏地：南京博物院

国宝小档案

《杂花图》画于明万历年间，是徐渭的扛鼎之作，也是南博的镇院之宝之一。这幅画卷长10多米，画中一花一木看似随意罗列，实则各种花木或疏或密，长势、大小各有不同，排布皆有章法。画家用墨时而浓重，时而清淡；用笔时而迟缓，时而迅疾。既有一气呵成的气势，又有细致入微的描绘，匠心独运，实为明代画坛之空前佳作。

花木"大观园"

考考你们，认识这些花木吗？

哇，这画真长啊！我数数到底有多少种植物：1、2、3……12、13，是13种！

有的太抽象啦，好像就是一摊墨，猜不出……

这幅《杂花图》从右至左，共分 11 个单元，绘有 13 种花木，它们分别是：

牡丹　石榴　荷花　梧桐　菊花　南瓜
扁豆　紫薇　葡萄　芭蕉　水仙　梅、竹

大写意画

工笔画的画法工整细致，照实来画，赏画者一眼就能认出所画之物。

与之相对的写意画就不同了，它并不那么追求形似，更贵在描绘神韵，表达情感。

而《杂花图》又是写意画中"大写意"的代表作。突出大境界，追求大气魄，并不拘泥于描绘对象的"形"，自然不太容易辨认。

青藤白阳

明代水墨大写意花鸟画的代表画家，除自号"青藤道士"的徐渭外，还有自号"白阳山人"的陈道复。二者出身境遇虽大不相同，但在绘画一道上殊途同归，被后人合称为"青藤白阳"。

天才"疯子"画家

徐渭粉丝群（3）

郑板桥：我要做青藤道士的小跟班！

齐白石：要是能早生三百年，为徐渭磨墨理纸就好了。哪怕徐渭看不上我，哪怕饿死在他门口，我也不走！

黄宾虹：在我眼里，徐渭三百年无人能及！

都说"天才"和"疯子"往往只有一线之隔，徐渭便是这样一位天才的"疯子"画家。

他天资过人，才华横溢，自幼以才名著称乡里，有"神童"之誉。他书画、文学、戏曲等样样精通，却命运坎坷。父母早亡，八次参加科举都以落榜告终，只能给人做幕僚。

谁知这官场并不好混，弄得徐渭精神癫狂，导致杀人入狱。出狱后的徐渭穷困潦倒，只能靠卖书画作品糊口。

或许是命运的苦难，激发了徐渭的创作潜能。他以满腔的愤懑挥毫泼墨，将情感融进画中，成就了他在艺术上的大境界。

徐渭画像

画中百花来争艳——《百花图》系列

邹一桂《百花图》

猜猜看，在这幅长达7米多的画卷中，清代画家邹一桂到底画了多少种花草？

答案是，一百种！

画卷把四季花卉融于一卷。以红梅作为起首，按照花开时间先后排列，终至腊梅、茶花、山茶。这些花儿，有的一枝独秀，有的锦簇成团；时而上下相对，时而左右相向，穿插得当，章法高妙，使得画面既不觉过满，也不显稀疏。在绘画技法上，画家将工笔与写意结合，或勾勒、或渲染，各自相宜。

> 我们已经体验过"画中观鸟"，这次该去画中赏花啦！

> 太好啦！足不出户，也能看到百花齐放！

周之冕《百花图》

这幅出自明代画家周之冕的《百花图》，同样长7米有余，是其晚年之作。该图勾画了四季花卉，其中木本花卉多为折枝。画家善用勾勒法画花，以水墨点染叶子，所绘花草形象逼真，意态生动，被称为"勾花点叶法"。以周之冕为代表的"勾花点叶派"，也是明代的花鸟画派之一。

杨婕妤《百花图》

这幅出自南宋杨婕妤笔下的《百花图》，是我国现存最早的一幅女性画家的作品。全卷共有十七段，每段都有楷书标花名并纪年、题诗。

薄绢之上，是一派百花争艳、欣欣向荣的景象。据说本卷曾两次被作为生辰贺礼相送，倒是十分应景。

孙克弘《百花图》

明朝画家孙克弘的这卷纸本设色《百花图》，也有5米长。绘有紫丁香、梅花、山茶、芍药、兰花等四季花卉，设色清丽，风格雅秀，是孙氏工笔重彩画的代表作。

折枝

你发现了吗？这四幅《百花图》中的花卉几乎都不含全株，画家只是把从树干上折下来的部分花枝画下来。这是一种花卉的画法，被形象地命名为"折枝"。

明朝版"世界地图"
《坤舆万国全图》

国宝档案

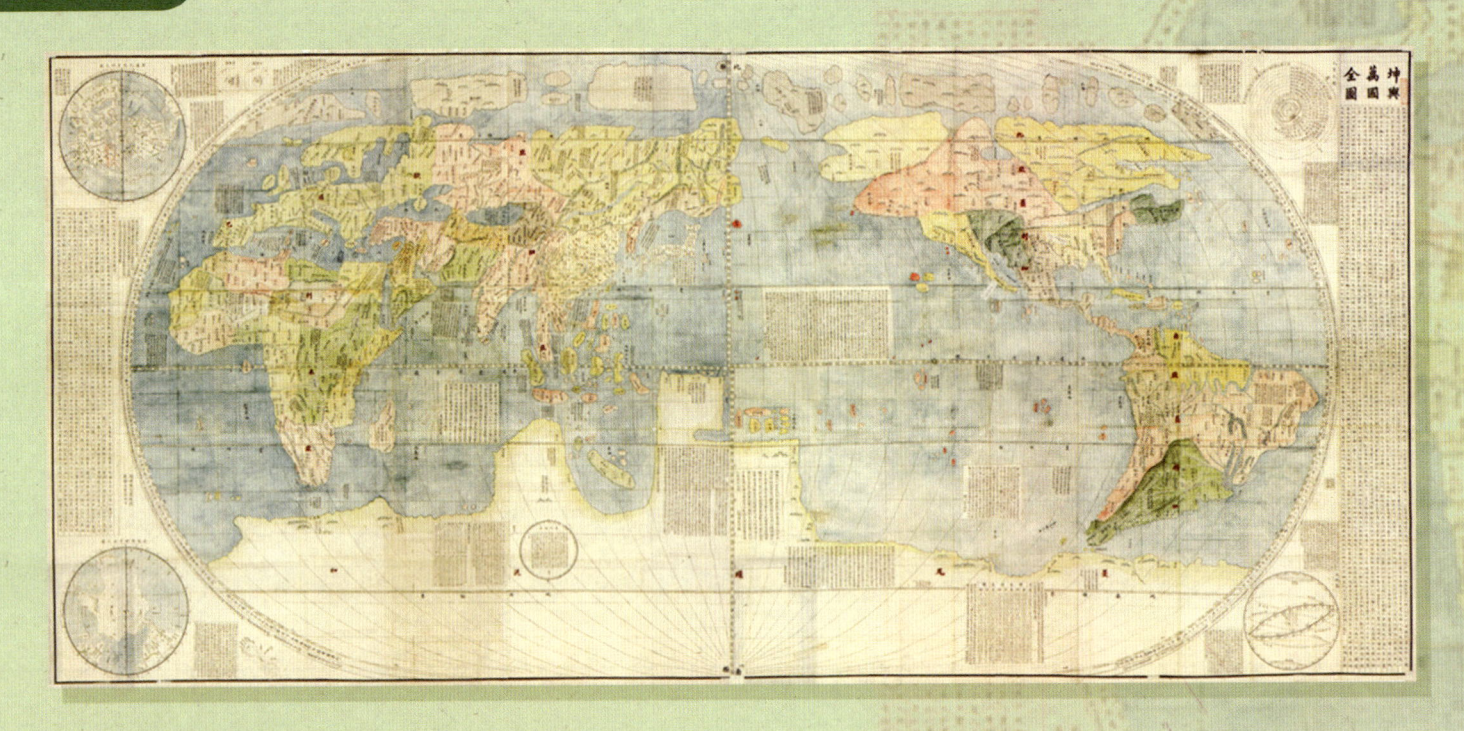

《坤舆万国全图》

所属年代：明代

创作者：利玛窦、李之藻

现藏地：南京博物院

小贴士

"舆"指车，用于运载，延伸为承载万物，喻指大地，因此，古人把地图叫作舆图。当"舆"和八卦中代表地的"坤"字组合在一起时，也可代称"地"。

国宝小档案

《坤舆万国全图》是意大利传教士利玛窦和明朝官员李之藻合作刊刻的世界地图。南博中所藏的这一幅，是明万历年间宫廷中的彩色摹绘本，是我国现存最早的，也是唯一的一幅据刻本摹绘的世界地图。

利玛窦的献礼

传教士，一般指西方国家的宗教组织向海外派出的传播天主教、基督教的人员。利玛窦是意大利人，天主教耶稣会传教士与学者。利玛窦于明万历年间来到中国传教，在华28年，是天主教在中国传教的最早传教士之一，促进了中西文化的交流。

《坤舆万国全图》的蓝本，就是利玛窦献给万历皇帝的礼物之一，后在李之藻的帮助下改绘而成，备受万历皇帝的喜爱。

利玛窦画像

这图这么大，我都不知道从哪儿看起了！老师，快给我们讲讲吧！

没问题，没问题！

明朝就有这么详细的世界地图啦？太酷了！

明朝版"世界地图"有哪些看点？

看点一

该图的主图部分是椭圆形的世界地图，用了多种颜色来描摹大洲、海洋与山川等。亚洲是土黄色的色块，南、北美洲及南极洲为粉红色，欧洲和非洲用色接近于白色。山脉以淡绿勾勒，海洋则选择深绿描绘。整体色调淡雅和谐，又区别鲜明，一目了然，赏阅起来十分舒适。

看点二

主图之外的四角，还绘制有多幅附图。这些图中包含了许多在当时十分先进的天文地理知识，诸如"赤道""北极""南极"这些术语，咱们现在也还在使用呢！

《赤道南地半球之图》

《赤道北地半球之图》

看点三

《坤舆万国全图》中点缀的趣味小插图也很值得一看。

鲸、鲨、海狮等海生动物被穿插绘制在各个海域中，南极大陆上还绘有陆上动物——大象、狮子、驼鸟、恐龙等。

另外，各大洋中还有几艘16世纪的帆船。代表着大航海时代的探索与发现精神，有的船上还画了船员与水手，十分生动。只是不知道他们这一趟扬帆起航，能否发现新大陆与新生物呢？

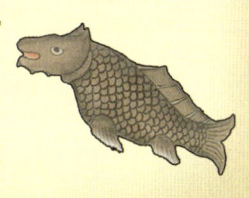

带你去看古地图

现代社会科技发达,只要在网络上搜一搜,或是打开导航软件就能轻松获取各类电子地图。不过这些地图往往大同小异,少了些古地图的人文魅力。

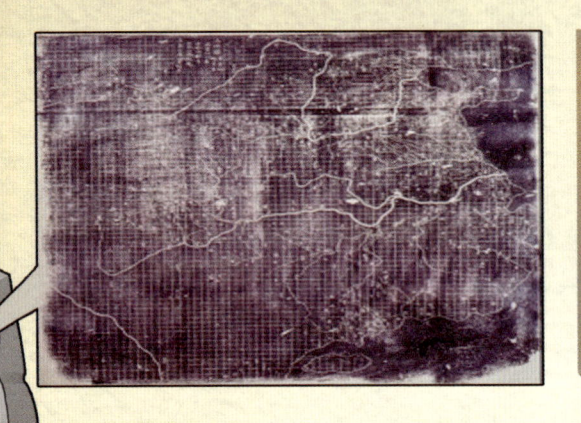

计里画方

"计里画方"是古代绘制地图的一种方法,原理类似现代的比例尺构图。绘图时,先在图上按一定的比例关系绘出方格网,方格的边长代表实地里数,再把实地的各类要素利用方格网控制,缩绘到地图上。

《禹迹图》

《禹迹图》是我国现存最早的石刻地图之一。它以"计里画方"法绘制而成,被西方汉学家李约瑟称为"当时世界上最杰出的地图作品",也是我国至今发现最早使用"计里画方"法绘制的地图。

《丝路山水地图》

这幅地图全长 30 多米,所描绘的地域范围东起嘉峪关,西至天方城。

该图虽然看起来更像是一幅文人的青绿山水画,但图如其名,其中包含了大量丝绸之路上的地理信息,共标注出了 211 个地理坐标,如中国的敦煌、乌兹别克斯坦的撒马尔罕等。

《坤舆全图》

此图的绘制者比利时传教士南怀仁，是清初最有影响的来华传教士之一。南怀仁还给康熙皇帝上过科学课，大大促进了近代西方科学知识在中国的传播。

康熙十三年时，南怀仁仿明末利玛窦的《坤舆万国全图》，用当时世界上比较流行的制图方法，绘制了这幅以两个圆形——东半球和西半球为主图的《坤舆全图》。

除了绘图外，他还创作了《坤舆图说》来对地图进行注解。

值得一提的是，南怀仁在《坤舆全图》中点缀的动物插图，比利玛窦的要神奇许多。

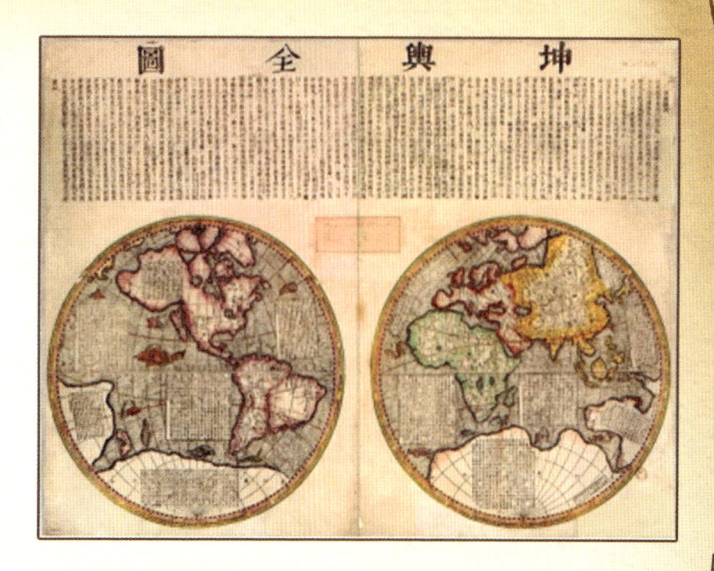

这种误会其实不少哦。

哈哈，真是个奇妙的"误会"呀！

比如这只"骆驼鸟"的介绍文字，说它的肚子很热，能融化生铁！

怎么可能！这不就是鸵鸟吗？

嗯，确实不可能。

图中的"骆驼鸟"确实存在，且正是鸵鸟。

由于鸵鸟没有牙齿，需要吞些地上的小石子来帮助磨碎食物。古人观察到这一现象，就误以为鸵鸟能吃石头食铜铁，从而认为它腹中温度一定很高，才能把吃下去的石头和金属都"消化"掉。

地图中还绘有一种"无对鸟"，据说没有双脚，腹下却长着像皮筋一样的长皮，缠绕在树枝上休息。

这种"无对鸟"的原型，是自然界中真实存在的极乐鸟，又名天堂鸟。

这种鸟儿有着长而鲜艳的尾羽，特别美丽，当地有将其砍去双腿做成饰品的习俗。这才让欧洲人误以为此鸟无脚。

"玩转"瓷瓶
霁蓝镂空转心瓷大瓶

国宝档案

霁蓝镂空转心瓷大瓶

类别：瓷器
所属年代：清代
现藏地：南京博物院

国宝小档案

这件瓷瓶带覆碟形盖，饰如意云头纹；盖上有钮，施珊瑚红彩。通体外施霁蓝釉、金彩，腹部四面开光镂空，内有套瓶。烧造于清乾隆时期，是乾隆官窑创制的工艺难度极高的特有瓶式——转心瓶。

瓷器中的"走马灯"

转心瓶是分四个部件烧制的，分别是外瓶颈、腹、底座与独立的内瓶。四个部件烧制成型后，再进行组装——内瓶套入外瓶，与外瓶底座组合好，再把外瓶颈部与肩部组合起来。

其实，在外瓶中再套一个内瓶的工艺，并非乾隆一朝独有。但转心瓶的绝妙之处，就在于能像走马灯一样转起来，让观赏者能从外瓶的镂孔中，观看到内瓶上转动变换着的画面，妙趣无穷。

哇！好神奇！

"心"不转，"颈"转

乾隆朝不仅制有转心瓶，还有转颈瓶。因瓶颈部为双层设计，外层可以转动，因而得名。

这件转颈瓶，外瓶腹部的四个圆形开光装饰，绘有代表四季的山水图以及与之相关的乾隆御制诗句。

那么，问题来了。瓶身四面都是"主角"，颈部的一对垂带形耳，要怎样才能始终处于观赏面山水画的两侧位置，而不是压在画面上沿呢？

可转动的瓶颈应运而生！乾隆皇帝无论想欣赏哪个季节的图画，都只要将瓶颈拨转到两侧，每一面就都是完美的"正面"啦！

粉彩加珐琅彩开光山水纹转颈瓶

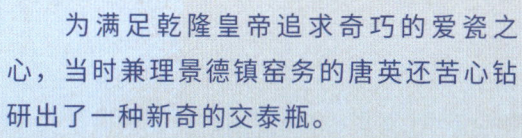

> 太有趣了，一个瓶子能"转"出这些花样！

> 可还不止这些花样呢！

杯子也能转

为满足乾隆皇帝追求奇巧的爱瓷之心，当时兼理景德镇窑务的唐英还苦心钻研出了一种新奇的交泰瓶。

交泰瓶的器腹中段镂空，上、下瓶身于纹饰间相互勾套回纹或仰覆"T"字形纹。可以活动，却不能分开。上瓶代表天，下瓶代表地，二者相交不可分离。正合了《易经》中天地相交则时运亨通的"天地交泰"说，故又称为"天地交泰瓶"。

粉青釉描金暗花夔龙纹交泰瓶

其实早在乾隆皇帝"玩转"瓷瓶之前，就已经有能转的瓷杯了。

这是一只元代的景德镇窑釉里红转把杯。它的"小机关"被设置在杯底和杯足之间——二者用子母榫相衔接，既可以做到自由转动，又不会脱开分离，大大增强了赏玩性。

乾隆皇帝的转心瓶们

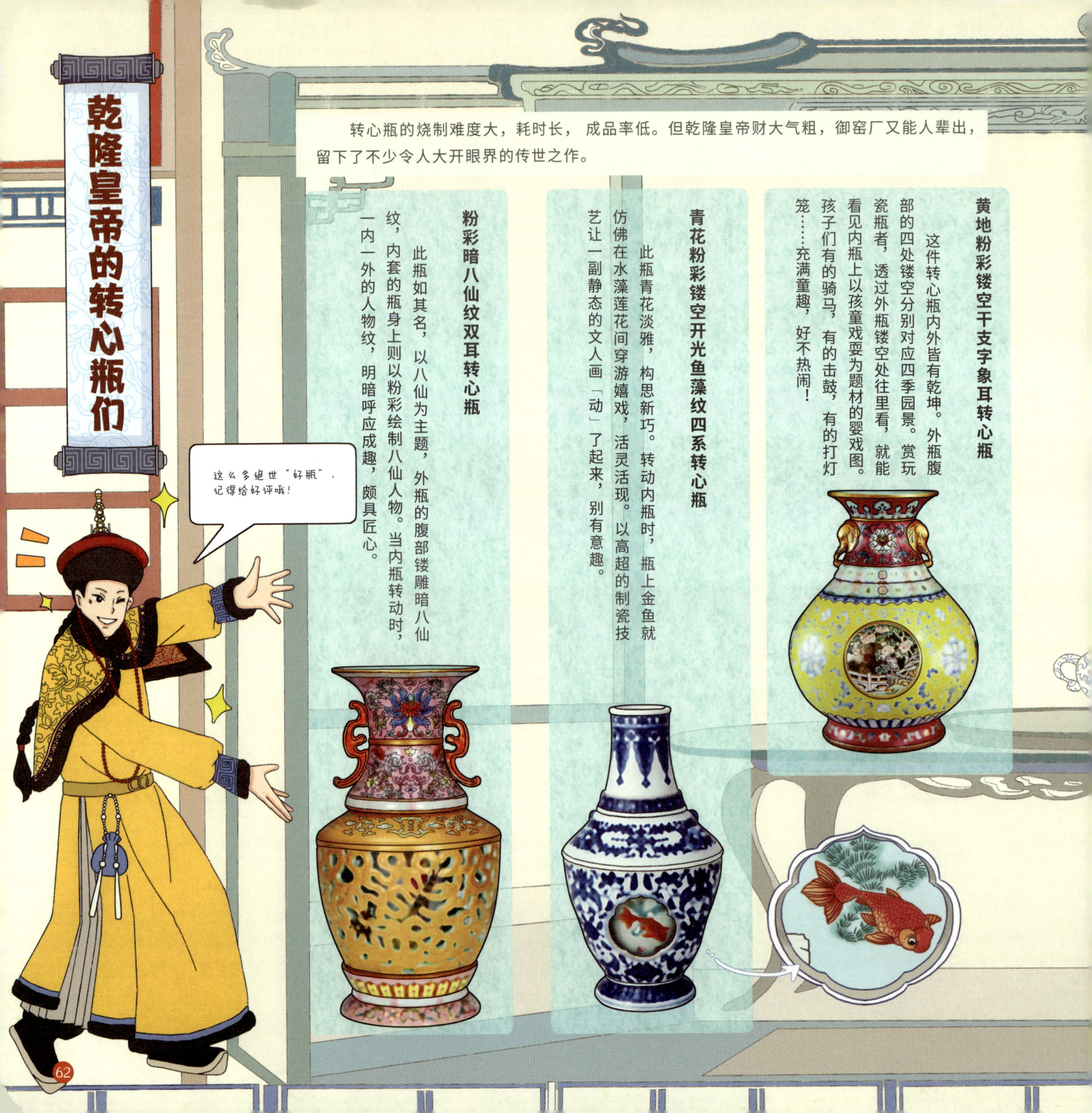

转心瓶的烧制难度大，耗时长，成品率低。但乾隆皇帝财大气粗，御窑厂又能人辈出，留下了不少令人大开眼界的传世之作。

黄地粉彩镂空干支字象耳转心瓶

这件转心瓶内外皆有乾坤。外瓶腹部的四处镂空分别对应四季园景。赏玩瓷瓶者，透过外瓶镂空处往里看，就能看见内瓶上以孩童戏耍为题材的婴戏图。孩子们有的骑马，有的击鼓，有的打灯笼……充满童趣，好不热闹！

青花粉彩镂空开光鱼藻纹四系转心瓶

此瓶青花淡雅，构思新巧。转动内瓶时，瓶上金鱼就仿佛在水藻莲花间穿游嬉戏，活灵活现。以高超的制瓷技艺让一副静态的文人画「动」了起来，别有意趣。

粉彩暗八仙纹双耳转心瓶

此瓶如其名，以八仙为主题，外瓶的腹部镂雕暗八仙纹，内套的瓶身上则以粉彩绘制八仙人物。当内瓶转动时，一内一外的人物纹，明暗呼应成趣，颇具匠心。

这么多绝世"好瓶"，记得给好评哦！

夏景 　秋景 　冬景

天蓝地开光镂空粉彩转心瓶

此瓶外腹部四面为镂空粉彩窗栏，内部的套瓶则通体以粉彩绘西洋人物风景，是西洋风物与中国瓷器巧妙融合的佳作。

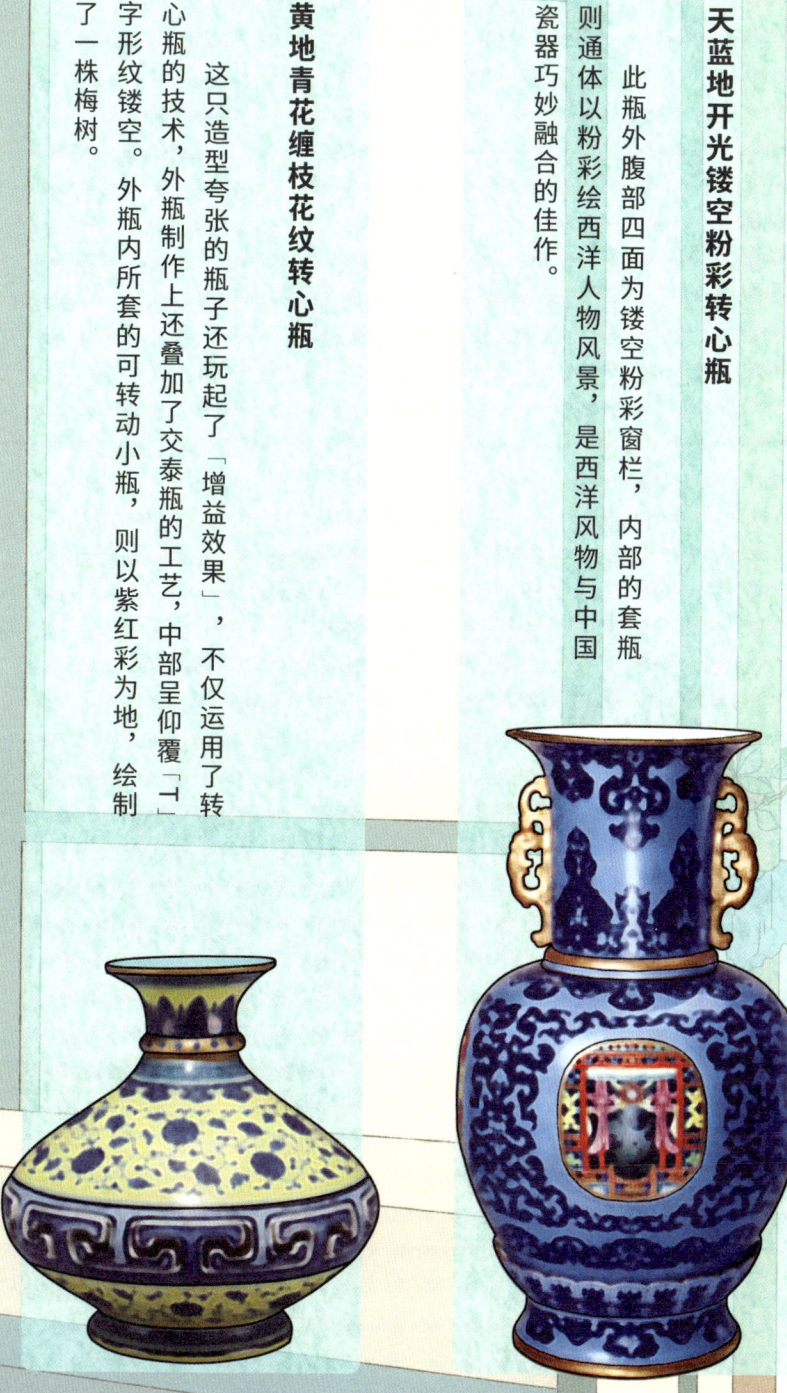

黄地青花缠枝花纹转心瓶

这只造型夸张的瓶子还玩起了「增益效果」，不仅运用了转心瓶的技术，外瓶制作上还叠加了交泰瓶的工艺，中部呈仰覆「T」字形纹镂空。外瓶内所套的可转动小瓶，则以紫红彩为地，绘制了一株梅树。

是转心瓶，也是万年历

这件转心瓶的新颖构思，还体现在瓶颈与肩部的十二个开光中。你注意到了吗？这些开光上下相对，上方开光中有楷书"万年""甲子"及篆书天干名，下方开光内书地支名。天干地支是我国古代传统的纪年方法，简称"干支纪年"。只要转动瓶子，组合干支，这瓷瓶还能当万年历使用哦。

图书在版编目（CIP）数据

南京博物院 / 程琳著；布谷童书绘. -- 太原：三晋出版社，2024. 12. --（博物馆里的中国）. -- ISBN 978-7-5457-3169-9

Ⅰ. K87-49

中国国家版本馆CIP数据核字第20241AJ676号

南京博物院

著　　　者：	程琳
绘　　　者：	布谷童书
责任编辑：	周瑞程

出 版 者：	山西出版传媒集团·三晋出版社
地　　　址：	太原市建设南路 21 号
电　　　话：	0351-4956036（总编室）
	0351-4922203（印制部）
网　　　址：	http://www.sjcbs.cn
经 销 者：	新华书店
承 印 者：	雅迪云印（天津）科技有限公司
开　　　本：	787mm×1092mm　1/12
印　　　张：	5.5
字　　　数：	55 千字
版　　　次：	2024 年 12 月第 1 版
印　　　次：	2025 年 1 月第 1 次印刷
书　　　号：	ISBN　978-7-5457-3169-9
定　　　价：	48.00 元

如有印装质量问题，请与本社发行部联系　电话：0351-4922268